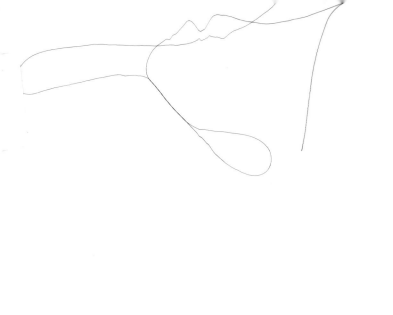

齿轮与怪物

Cogs and Monsters
What Economics Is, and What It Should Be

[英] 黛安·科伊尔（Diane Coyle） 著
[澳] 田恬 译

中国出版集团
中译出版社

图书在版编目（CIP）数据

齿轮与怪物 /（英）黛安·科伊尔著；（澳）田恬译. -- 北京：中译出版社，2022.11
书名原文：Cogs and Monsters: What Economics Is, and What It Should Be
ISBN 978-7-5001-7201-7

Ⅰ.①齿… Ⅱ.①黛…②田… Ⅲ.①经济学—研究 Ⅳ.①F0

中国版本图书馆 CIP 数据核字（2022）第 181039 号

（著作权合同登记号：图字 01-2022-1795）

Copyright © 2021 by Princeton University Press
All rights reserved. No part of this book may be reproduced or transmitted in any form or by any means, electronic or mechanical, including photocopying, recording or by any information storage and retrieval system, without permission in writing from the Publisher.
The simplified Chinese translation copyright © 2022 by China Translation and Publishing House.
ALL RIGHTS RESERVED

齿轮与怪物
CHILUN YU GUAIWU

著　　者：[英]黛安·科伊尔
译　　者：[澳]田　恬
策划编辑：于　宇　方荟文
责任编辑：方荟文　于　宇
营销编辑：马　萱　黄秋思　纪菁菁

出版发行：中译出版社
地　　址：北京市西城区新街口外大街 28 号普天德胜大厦主楼 4 层
电　　话：（010）68002494（编辑部）
邮　　编：100088
电子邮箱：book@ctph.com.cn
网　　址：http://www.ctph.com.cn

印　　刷：北京中科印刷有限公司
经　　销：新华书店
规　　格：880 mm×1230 mm　1/32
印　　张：9
字　　数：170 千字
版　　次：2022 年 11 月第 1 版
印　　次：2022 年 11 月第 1 次印刷

ISBN 978-7-5001-7201-7　　　　定价：69.00 元

版权所有　侵权必究
中译出版社

目 录

引 言　经济学的今天与明天　　　　　　　　　　001

第一章
经济学家的社会责任

第一节　这是科学怪人吗　　　　　　　　　　023
　　　　怪物与市场　　　　　　　　　　　　034
　　　　将市场视为一个过程　　　　　　　　043
　　　　通过行为经济学解决问题　　　　　　051
　　　　负责任的经济学　　　　　　　　　　059
第二节　为什么经济学能独享尊位　　　　　　060
　　　　让经济学家走进经济学　　　　　　　069
　　　　专家治国的困境　　　　　　　　　　075
　　　　重新发现政治经济学　　　　　　　　079
　　　　经济学家的社会责任　　　　　　　　090

　　🕒 **中场休息**　　　　　　　　　　　　093

第二章
置身局外的经济学家

第一节 疯狂的方法论	103
第二节 "仙境"中的政策问题	121
中场休息	130

第三章
经济人、人工智能、老鼠和人类

第一节 疯狂世界中的理性	135
第二节 观察分析与价值判断的区分：	
"是什么"和"应该怎么样"	139
第三节 经济政策的影响	146
第四节 现代经济对经济学的挑战	149
中场休息	154

第四章
齿轮与怪物

第一节 如何在数字世界中定义进步	163
第二节 政治算术	169
第三节 此处有"怪物"	182
中场休息	192

第五章
经济学的新议程

第一节　数字技术今非昔比　　201
第二节　数字市场也不同往日　　207
第三节　数字经济学　　211
第四节　经济学的新议程　　215

第六章
21 世纪的经济政策

第一节　回到未来：社会主义计算争论　　221
第二节　政治经济循环：事件—观念—行动　　228
第三节　数字时代经济的新变化　　236
第四节　数字经济的政策　　241

后　记　　253
致　谢　　259
参考文献　　263

引 言
经济学的今天与明天

经济学向来承受了许多批评的声音，个中原因不难理解：2008—2009年的金融危机、英国的脱欧公投，甚至是西方民主体制内民粹主义不断高涨等事件似乎都打破了经济学的平衡。然而，许多批评的声音在这些事件发生之前就已经存在了很长时间，其中大部分声音本质上从21世纪初起就没有改变，比如，经济学认为人人都是自私算计的个体；经济学充满复杂的数学公式，与现实社会脱节；经济学家只关心金钱与利润，不在乎真正有价值的东西，比如环境。即使新时代不断涌现新事件，这些控诉听起来依然熟悉。与此同时，经济学的政策影响力日渐强大，从物质层面看，经济学专业的毕业生薪资也达到了历史新高（Britton et al.，2020）。

对于这些一成不变的批评，我和许多经济学家都感到无可奈何，因为它们偷换概念、混淆视听，而忽略了需要正视的根本问题；而这些根本问题，可能会带来更严峻的挑战。过去几十年间，经济学已实现了巨大的转变，未来依然需要不断发展、改变，但对经济学的批评也应该与时俱进，才能解决真正应当引起重视的问题。

最常见的批评认为，经济学大量运用数学公式构建抽象模型。的确，经济学涉及大量数学公式（Romer，2015），但其实每一个学科都是通过建模的方式，从复杂的世界中选取小样本、小规模数据来研究因果关系。从本质上来说，"一战的原因分析"与诺贝尔经济学奖得主加里·贝克尔（Gary Becker）的"时间分配理论"一样，都是一种模型。

另一个常见的批评认为，经济学忽视历史，包括本学科的思想演变史。其实，包括我在内的许多经济学家都希望经济史能重回课堂，成为教学内容的一部分。而且值得欣慰的是，这一希望已经在许多大学形成一种趋势。同时，对历史事件、经济理论史及政策选择之间的联系的讲授，也在经济学课堂中日益增加。经济史研究日益发展，成为今天的热门研究领域，对理解历史背景尤为关键的制度经济学也已在学术界蓬勃发展。

尽管经济学忽视历史的批评确实成立，但提出这一批评的人在某种程度上也没有尊重历史，因为他们拒绝承认过去30年间经济学发生的巨变。这段时间内，经济学已经发生了由理论研究向实证研究的转变（Angrist et al.，2017）。大部分经济学家都从事应用微观经济学研究,而近年来数据集、计量经济学技术、计算机算力的发展,以及关于因果推断方法论的激烈讨论,意味着自20世纪80年代以来,这一领域发生了理论与实践的有效变革。另外,在使用新型大规模数据——"大数据"方面,经济学家也处于前沿(Athey,2017)。然而这些事实却并未在近年的批评中得到承认(比如Skidelsky,2020)。大部分批评家的火力集中在研究整体经济行为的宏观经济学领域,而在这个领域进行准确预测异常困难,其难度甚至远远大于准确预测天气。

还有一种批评的声音,是针对"经济学知识是否还有推进的空间"表达了一个不同的观点。一些少数派批评者推崇多元论(比如Earle,Moran and Ward-Perkins,2016),他们倾向于认为经济学与人文学科相似,不存在根本事实,最终的研究发现取决于研究人员自身的价值取向。而经济学主体(或称主流经济学、新古典主义、新自由主义)认为,经济学知识一定是累积增加的(尽管没有人希望经济学像物理学一样,一些批评者也曾如此强调。这也许在20世纪五六十年代尚可成立,但在21世纪20年代已经绝无可能)。现在几乎所有的经济学家都同意,价值取向及意识形态确实会对政策制定造成影响。其中许多人认为,实证知识(如高税收能在多大程度上降低人们对含糖饮料的需求)与政治价值(如政府是否应该保护消费者,避免他们做出不理智的决定)不可能完全分离。

在我看来，尽管实证研究与价值判断不可能完全分离，但经济学者还是应该尽量保持客观中立。经济学知识确实可以累积，如果不是人们从20世纪30年代的世界经济危机中获得了经验，那么2008—2009年的全球金融危机后果必然更加惨重，英国政府也不会在新冠肺炎疫情的封闭管理期间引入强制休假计划（furlough scheme）。如果我们没有进行市场设计（定义使市场良好运营的规则）并从中汲取经验，现在手机上就不会有这么多好用的应用程序。

经济学和它的批评者之间还有一个重要分歧：是否能接受为具有内在价值的事物赋予货币价值，比如自然或生命。对此经济学的回答是，既然人们在选择修路地点、确定新产品需要配备何种安全装置时必然会暗暗评估其所涉及的价值，那么把这些主观判断变成明确的价格岂不是更好？这些讨论非常有意义，一般来说参与者之间都会产生有建设性的互动。在这方面已经有一些顶尖的经济学家提出，经济学与伦理学需要进行更深入的对话（Bowles，2016），进一步认识到身份认同（Akerlof and Kranton，2010）、叙事与说服（Shiller，2019）的重要性。经济学与人文学科的这种互动不仅必要，而且是大家喜闻乐见的事情（Morson and Shapiro，2016）。

另外，许多研究也已经发现，经济学本身确实自带"优越性"，或者说，经济学家总是信心满满，认为自己的方法才是解决政策问题的最佳途径（比如 Fourcade，Ollion and Algan，2015）。这种情况正在慢慢转变，不过仍然有很长的路要走。其中一项有力证据就是，各社会科学学科间跨学科引用率越来越高（Angrist et al.，2020）。尽管经济学的被引用率仍然比其他学科高，但整体趋势正朝着互相引用、互相支撑的方向发展。只要是带过博士生的导师，或是指导过年轻学者的资深学者，这方面一定都有亲身体会，在解决更广泛的社会问题方面，越来越需要自然科学、社会科学、人文艺术领域的跨学科合作。

近年来，另一个可喜的改变在于课程改革正在加快步伐。本书之后会介绍到，课程改革主要由两方面因素推动，一是包括智利和英国在内的众多国家的学生抗议大学经济学课程与实际社会中的问题脱节；二是大学老师及雇主对经济学毕业生所掌握的知识表示不满。我本人也参与了一项全球经济学家的联合行动，我们一起制订了一个与传统经济学入门课程截然不同的新式课程大纲，并放在互联网上无偿共享，目的就是改变学生在刚刚开始学习经济学时接触到的基础观念（Bowles and Carlin，2020）。目前，已有许多大学采用了这个课程大纲。

本书反映了我对"稻草人"式批评的无奈，这些批评的声音不仅对经济学研究及经济学教育中的积极转变置若罔闻，也使得一些经济学家无意间忽略或故意否定了经济学领域存在的根本问题，包括学术研究的方法以及经济学家在整体社会中代表性不足的问题。

这些问题我在近几年的公开课上先后进行过解答。关于研究方法的问题，经济学者没有进行更多深刻的反思。对此，我在公开课上提出了一些经济学领域的哲学思考，这些公开课的内容也是这本书的一条写作主线，这些问题包括：经济学在何种程度上具有操演性[①]（即自我实现预言）？社会科学研究人员也是这个社会中的成员，他们能否做到真正客观？经济学假设人们有固定的消费偏好，而这些偏好又受到广告行业的支配，那么经济学研究的结论中究竟能给出多少准确的政策建议？随着经济活动更具外部性及非线性特征，个人主义方法论是否正在退出历史舞台？本书第二条主线就是经济学正在经历的转变，尤其是随着数字经济的发展，我们的分析方法也需要作出相应改变。这些主线就是对本书书名的解释："齿轮"代表主流经济学对个体的看法，他们关注自身利益，在特定环境中以独立的身份进行互动，精打细算；"怪物"则代表着数字经济中独特的经济现象，这些现象具有"雪球效应"，会受到社会影响，并且难以控制。所以，在数字经济这个未经标注的领域仍然充满大量未知，假如有一张地图，在这个领域可以标注上"有怪物出没"。经济学把普通人视

---

① 操演性（performativity）一词原是语言学概念，即话语不仅是在"言说现实"，同时也在"实现现实"。在本文中，操演性意指经济学不仅是对经济现象的描述，而且本身也在塑造和形成经济实践。——译者注

为经济体中的"齿轮",这种看法无形中又制造了更多的"怪物"和新兴的现象,但却没有足够的工具来帮助理解。

然而,也有一些批评涉及经济学研究中的社会学及文化方面的问题,以及经济学学科整体严重缺乏多样性的问题,这些批评确实掷地有声。

认知多样性对解决问题和组织运营的重要性已经得到大量研究证实(Page,2007)。现在我们生活的社会,与过去相比已经在文化背景及生活经历上大大丰富。多样性在所有社科领域都至关重要,研究者提出的研究问题也会受到其生活经历的制约,因为人的想法无法超出自身经验,大部分人也无法想象自己未知的领域是什么样。

在学科多样性上,经济学算是表现最差的学科之一,而它却是对实际生活影响最大的学科,尤其是在与日常生活息息相关的政策方面。经济学领域的性别与种族多样性问题已经十分严重。其中,男性研究人员占主导的情况在所有学科中最为凸显(Ceci et al.,2014)。虽然这一情况在美国学界已经有所改善,但直至 2019 年,依然只有 14.5% 的全职教授和 21.2% 的终身教职人员是女性;唯一值得欣慰的或许是,女性全职教授的比例比 1994 年翻了一番。同时,男女比例在学术生涯的不同阶段依次递减,经济学本科学生中女性占 33.5%,而到了博士阶段女性只占32.2%[①]。英国的情况虽然在过去20年有所改善，但2016年女性学者也只占全部人数的20%，全职教授中只有16.6%是女性（Sevilla and Smith，2016）。一项对欧洲各院系的网络调查发现，女性学者比例逐渐下降，入职阶段占40%，而全职教授仅剩22%（Auriol et al.，2020）。除此之外，经济学在种族及文化多样性方面也不尽如人意，不过这方面的参考数据较少。一项美国研究发现，2015—2016年间获得经济学学历的人群中只有15.6%是少数族裔[②]。而在英国，这一比例在1999年仅为12%（Blackaby and Frank，2000）。虽然之后没有类似参考数据，但经验表明这种情况并没有明显改善。针对社会阶层构成的调查更为稀缺，不过一般认为英国经济学学生的家庭背景多样性正逐渐降低，因为本科生中入读私立学校的比重越来越高。在多样性方面，经济学始终没有显著改善，与其他学科（包括许多自然科学学科）走向了不同的道路。

越来越多的研究表明，女性经济学者相对处于劣势。平均而言，女性学者的文章发表量要低于男性学者。在一些顶级期刊上，作者署名为女性的文章往往需要经历更长的审核周期

[①] 数据出自经济领域女性职业现状委员会2019年年度报告，https://aeaweb.org/content/file?id=11630。
[②] 数据出自经济领域少数族裔现状调查委员会报告，https://www.aeaweb.org/content/file?id=6592。

（Hengel，2020）。一份研究（Card et al.，2020）显示，如果只考虑期刊编辑对女性及男性审稿人推荐意见的重视程度，编辑们的态度似乎是中立的。然而，如果通过引用量来判断论文质量，真实的情况似乎是女性作者的文章受到了更为严苛的审核，因为与相似的男性作者相比，女性作者的文章被引用量要高出25%。除此之外，女性合作署名文章的合著者较少，这也导致了发表量较少（Ductor，Goyal and Prummer，2020）。种种证据充分表明，女性学者在职场上承受着诸多不平等待遇。

另外，经济学中男性占主导的现状也会对学科特色造成影响。作为一门在政策及社会方面极具影响力的社会科学，这种影响会给经济学带来不良的后果。经济学参照标准较为狭隘，这一定程度上是因为学者的自身经历，个人经历会直接影响研究人员在选择研究问题时认为哪些问题更重要、更有研究意义。而这些观念以及最后确定的研究对象，又直接决定了政府会根据研究结果制定何种政策，从而影响人们的生活和选择。还有一个更具隐蔽性的问题是，经济学者的价值观与普通民众似乎存在隔阂。问卷调查显示，在一系列政策问题上，经济学者的意见与公众意见之间存在巨大差异，包括一些具有政治争议性的问题（如Johnston and Ballard，2016）。过去两年间，美国经济学会（AEA）及皇家经济学会（RES）等专业组织就学科缺乏多样性及包容性的现状给出了应对措施，从重点关注性别及种族问题开始。这些组织确实想要改变现状,采取的具体做法包括推出一系列宣传活动以吸引来自不同背景的学生[1]、创办新的导师项目、制定行为规范准则[2]等,更重要的是,针对经济学这个由白人中产阶级男性主导的学科中存在的各种文化及学术问题展开了许多讨论,提升了人们对这些问题的认识。不过,这些举措究竟能给学科带来多大改变还不好说,因为社会标准方面的变革总是需要一段时间才能发生。而与此同时,美国顶尖大学里的男性精英学者,以及那些对就业和晋升起到关键作用的五大顶级期刊内部的把关人,他们总是有办法屹立不倒。

诸如以上这些涉及研究人员的社会构成及实质研究内容的问题,经济学仍然需要面对和解决,我本人对这些问题也非常关心[3],但本书关注的是更为广泛的经济学特征,不仅是缺乏多样性的问题,更是经济学需要如何转变才能适应21世纪需求的问题。本书将要探讨的问题涉及经济学的基本研究范式,包括其实用主义哲学根基、实证经济学与规范经济学之间根本差异的存在

---

[1] Arun Advani, Rachel Griffith, and Sarah Smith, Economics in the UK Has a Diversity Problem That Starts in Schools and Colleges, https://voxeu.org/article/increasing-diversity-uk-economics.

[2] American Economic Association, AEA Code of Professional Conduct, https://www.aeaweb.org/about-aea/code-of-conduct.

[3] Women and Economics: Sixth 2018 Coleridge Lecture, https://www.ideasfestival.co.uk/blog/coleridge-lectures/coleridge-lecture-women-and-economics/.

是否合理、不符合传统经济学假设的社会经济体的动态发展特征、建立在个人主义方法论之上的社会影响，以及改变经济学研究对象范围等内容。

本书的内容主要源于我在2012—2020年进行的一系列公开讲座，这些内容已经及时地进行了更新，并且以过去10年间经济学领域发生的重大变革作为叙事线。这本书不只写给经济学家，也面向一般读者。它将着重讨论经济学面临的真正挑战，而不是回应那些"稻草人"式的批评；同时，更是为了满足普通读者对经济学的浓厚兴趣。现在，我们正处在一个史无前例的历史性时刻。新冠肺炎疫情的暴发，让全世界的人们都亲身体验到了一种前所未有的经济冲击，这种冲击比大萧条时期更猛烈，也更严峻。这也激励经济学界进行了大量的研究及政策分析，鼓励许多经济学家进行跨学科研究，包括跨界流行病学及生物医学（Coyle，2020a）。在这些方面，我也参与了大量活动，尤其是参与创建了在线的经济学观察网（Economics Observatory），随时收集、发布与疫情相关的最新科研成果。新的社会问题出现时，经济学能够向政策制定者提供许多专业信息及建议，这不限于疫情及其影响，也包括全球环境危机、经济增长缓慢以及不可持续的不平等问题等各个领域。现在这个充满挑战的时代正好给经济学家提供了大展拳脚的机遇。

本书将从2008—2009年全球金融危机提出的问题开始。第一章探讨的问题是，经济学对现实世界的影响不仅停留在分析层面，而且起到了塑造的作用（具体是跟金融危机息息相关的金融经济学）。这种现象在其他社会科学学科中被称为操演性，它与更广为人知的反身性概念和因果关系中施动者与结果之间的互相影响也有一定关系。许多经济学家认为，金融危机的发生与经济学关系不大，主要是贪婪及不良治理导致的。不过除了经济学家，其他人并不这么想。人们提出质疑，为什么很少有经济学家能预测到金融危机的发生（只有极少数例外）？甚至还有许多批评的声音认为经济学让世界变得更糟。无论经济学家是否同意这些批评，都需要对此作出回应。第一章的第一节将探讨经济学对重大事件发生负有的责任，第二节则介绍在经济学对公共政策影响日益增加这一背景下的责任问题。即使不认同经济学具有操演性，第二种责任也应该得到更多重视，因为经济学的专业性正在受到质疑。经济学曾经被视为政治经济学，这种看法如今再次得到了确认。

第二章重点讨论分析现实社会的难度，尤其是在宏观经济学方面，也就是将经济作为整体研究的学科，具体包括通货膨胀、失业、利率及经济增长方面的各种经济现象。如果想要抨击宏观经济学，在2012年进行要比今天更合理，因为在金融危机的冲击下，近年来宏观经济学已经经历了许多重大变革。虽然这个领域确实取得了长足的进步，但我个人对宏观经济学的疑虑依然存在（不过这一点许多同行并不认同），原因也将在这一章进行解释。社会大众其实也有类似的疑虑，因为在普通人眼中，宏观经济学代表了以专业技术进行统治的精英阶层。

第三章的内容是关于大部分经济学家赖以谋生的关键领域——应用微观经济学，无论在学界还是政策制定领域都如此。虽然宏观经济预测更受人瞩目，但从事经济学相关工作的人大部分并不涉及这一领域。我们往往从事着一些更具体的经济工作，比如研究食品零售业的竞争，某个税务项目的具体影响或是优惠政策带来的改变，哪些政策干预措施能够促进学习有困难的学生提高成绩、获得更多机会，企业如何学习新的生产技术，哪些因素会影响企业投资等。这些研究的目的通常是了解在特定环境下，是否存在更好的做法。而对"更好"的既定标准假设，第三章提出了质疑，包括我们对个体做决定的假设、我们作为社会分析者在改变社会方面的角色。本章不仅将探讨分析者个人的价值观是否必然造成影响，中立、客观是否存在，也将探讨"更好"的具体含义：什么才算"更好"？对谁而言"更好"？

第四章将讨论政策制定的问题。现在政策制定越来越依赖计算机算法，由机器学习系统进行，而这些学习系统的程式又取决于经济学家对个体做决定时的假设；通过寻找对个体最有利的结果，精确定义什么是"最好"。经济学家在开发机器学习系统时使用了一个著名的概念——"经济人"（homo economicus），也就是精打细算、自私自利的个体。本章提出了数据方面的问题，也就是分析经济及制定政策时，我们自认为已经掌握的事实。人工智能时代，数据引发的问题越来越明显，人们也越来越意识到，我们所掌握的数据集绝对不是对客观世界的还原，而更像是由社会及其权力结构、阶级分层共同描绘的一幅画卷。虽然经济学家是数据的主要使用者（也包括大数据），对数据样本的因果关系和取样偏差也非常谨慎，却很少有人认真思考数据的形成过程。我的工作主要涉及宏观经济数据，我们常常在新闻上看到的变量都只是一些人为打造的概念而已，比如 GDP 和通货膨胀。当然，我们可以努力对这些概念进行更准确的测量，但归根结底，它们并不是现实世界中客观存在的物体。实证社会科学研究中还有很多类似的人为构建的概念，也存在这一问题。

本书最后两章汇集了许多思考，具体内容包括：在 21 世纪数字经济的时代背景下，经济学家所分析的世界是否也在被经济学塑造？经济学研究有没有可能真正做到客观中立？我们所说的经济发展和政策使生活变得"更好"具体是什么意思？我们假设的个人主义是否成立？第五章的重点是经济分析，第六章的重点是政策应用的影响。我认为，科技对经济的改变将使得以上问题变得更为尖锐。现实世界日新月异，而现有数据只能为我们描绘一幅静止的画面，想要从中了解经济的发展和进步变得更加困难。这就像是一条河流已经改变了河道，而我们还妄图从地图中判断出昔日河水的深浅。还有一个更为根本的问题是，要了解经济发展就必须考虑到数字经济正在加强人与人之间的连接，个人主义已经不如从前那么重要，数字经济的经济特征也跟以前不一样了。

最后，我想分享一件亲身经历的事情。伯明翰大学经济学教授彼得·辛克莱尔（Peter Sinclair）是英国新冠肺炎疫情最早的罹难者之一，也是我在牛津大学布拉塞诺斯学院进行本科学习时的助教老师。他对教学的热爱及投入激励我成为一名经济学家，他的智慧、对他人的关爱、积极投身解决现实政策问题的态度，让我选择了在这个领域工作。他去世后，医院将他的遗物交给其遗孀，其中有一些是他在失去意识前写下的手稿，看起来像是他对疫情后如何重振经济的构想。这个世界终将从疫情中复原，但他已经无法看到，同样无法看到的，还包括许许多多同样被疫情带走的生命。世界需要重建，而我们经济学家有责任尽力参与其中。

第一章

经济学家的社会责任

2007年，我出版了《高尚的经济学》（*The Soulful Science: What Economists Really Do and Why It Matters*），初衷是回应本书引言中提及的"稻草人"式的批评，包括对数学公式的过度使用、对理性及个体选择的极端假设、与真实世界脱节的抽象性，以及市场优势大于政府干预等批评的声音。这些批评如果放在1985年还能成立，但在2005年已经过时。这些指责无视过去20年间经济学发生的巨大改变，于是，无奈及不满的情绪驱使我提笔写下了那本书。

之所以这么说，是因为我亲身经历了这些改变。1981—1985年，我在哈佛大学攻读博士学位，当时学界最盛行的就是现在称为"新自由主义"的理念。那是里根和撒切尔夫人的时代，他们能够胜选的直接原因，就是当时的世界刚刚经历了政府对经济管控失败的10年。当时许多年轻的经济学者都深受学界思潮的影响，对能够熟练运用代数和微积分的人充满敬佩之情，也更愿意看到通过市场的方式来解决经济问题。我也不例外。不过，我非常幸运地遇到了牛津大学的彼得·辛克莱尔和哈佛大学的本杰明·弗里德曼（Benjamin M. Friedman）。作为我的老师和前辈，他们向我传授了抵抗极端理性预期革命的思想。当时哈佛大学的课程设置要求研究生在学习基础的微观经济学和宏观经济学课程之外，还必须学习两门经济学历史课。而我也非常幸运,在这两门课上遇到了经济历史学家巴里·埃森格林(Barry Eichengreen),以及观点与当时主流思想背道而驰的经济学家史蒂芬·马格林(Stephen Marglin)。马格林的思想在里根时期的美国与主流学术思想格格不入,而我当时还太年轻,无法认同他的观点,不过在他课堂上的阅读和讨论还是让我对某些问题展开了新的思考。

1985 年,我回到英国,第一份工作是在英国财政部担任经济师。对于现在备受争议的经济学内容,当时的我绝对会坚定地为它们辩护。那时我的工作地点就在国会广场对面的政府行政大楼——白厅(the White Hall),所在部门主要负责研究货币政策(当时中央银行尚未完全独立)。当时占主导的货币政策理念是起源于 20 世纪 60 年代、在 70 年代高通胀经济危机中得到重用的米尔顿·弗里德曼(Milton Friedman)的理论。当时,伦敦即将发生"金融人爆炸"(Big Bang),这项改革旨在大幅放松长期以来政府对伦敦金融市场的监管,我们财政部也在紧锣密鼓地进行着准备工作。1986 年进行的放松政府监管的改革,随之孕育了一个截然不同的金融体制,也就是后来引发 2008—2009 年全球金融危机的金融体制,在这个过程中,金融衍生品市场也经历了爆炸式增长。当时我在财政部的工作内容之一,就是撰写关于衍生品市场的解释性文件,供政府高层参考,这对我来说也是一次学习机会。

到了 2005 年,占主导地位的经济思想已经发生了巨大改变,至少在学界是这样。《高尚的经济学》就描述了这些改变,其中包括在过去 20 年间出现的内生增长理论(Romer,1986a),它将经济增长与教育和知识产权结合,不再认为经济增长是源于无法解释的技术进步。另外,人们普遍认识到制度或者历史和政治环境,对经济发展与增长的重要性(Acemoglu and Robinson, 2012)。更重要的是,计算机算力、新的数据源、统计技术都经历了长足的发展,使得实证研究更容易操作,范围也进一步扩大。《高尚的经济学》中没有涵盖的内容,也是当时我个人不擅长的领域——金融。

当然,那本书出版后不久就发生了全球金融危机,这场危机几乎给金融体系带来灭顶之灾,导致了严重的经济衰退。根据经济学家对 20 世纪 30 年代的了解(其中包括研究大萧条的专家本·伯南克,他当时是美国联邦储备委员会的主席),此次金融危机的后果还不算最糟。不过它的暴发的确让人费解:在经历了长时间的低通胀和稳定增长后,怎么会突然暴发这样的灾难级事件?当时,英国女王召集了伦敦政治经济学院的一群经济学家,问他们为什么没有预料到金融危机的到来。人们也不断谴责、质疑宏观经济学家,他们当时使用的许多预测模型都排除了发生金融危机的可能。金融经济学家也因此受到责难，因为他们的有效市场假说理论认为，资产价格能够收集所有关于未来回报的已知信息，所以未来行为只可能随机发生。

针对这些不足，我随后对《高尚的经济学》做了修订（Coyle，2010），不过金融危机带来的阴霾却久久不散。我们一直生活在它的影响中，特别是近年来各国央行普遍使用量化宽松（QE）的调控方式，通过购买政府债券将资金注入市场，利率降至极低水平，拉高其他资产价格（金融市场及富有的资产持有人对此喜闻乐见），使许多养老基金陷入危机。我对金融的作用及政策错误的根本原因进行了深刻反思，在受邀参加2012年牛津大学"坦纳人类价值"系列讲座时，就此发表了演讲。学术领域的经济学在制造及释放"科学怪人"式的"金融怪物"时起到了什么作用？有没有可能是学术理论直接催生了这个"金融怪物"？从20世纪中期开始越发得势的政策经济学家，应该对金融危机的暴发承担什么责任？在混乱且复杂的现实世界中，经济学家应当如何应用研究成果？虽然全球经济已于2012年开始复苏，但我们能否确定类似事件不会再次发生？

第一节

这是科学怪人吗

关于衍生品,年轻的分析师最常问我的问题是:"我们能从客户那儿赚到多少钱?"我参加了许多衍生品销售会议,从来没听到有人关心如何帮助客户,人们满脑子想的都是如何从客户身上获取最大收益。我感到非常震惊,这些高级管理层竟然完全不懂一个最基本的道理:如果无法赢得客户的信任,业务迟早会做不下去。(Smith,2012)

以上文字节取自金融危机发生几年后,一名即将离职的高盛公司高管发表在《纽约时报》上的文章,它印证了人们对金融市场的看法,这种看法现在依然没有改变。现在人们普遍认为,金融市场已经从根本上对社会构成了危害。这种看法连带波及了所有的市场及经济学家,因为他们是市场作为现代社会组织结构的主要倡导者。或许这种看法相对于主流民意有所夸大，但已有民意调查显示，自 20 世纪 80 年代以来，占据主导地位的市场经济观念已经被重新评估。虽然现在仍然有大部分民众支持市场经济，但人们对市场参与者的行为却持不满态度（YouGov，2011）。因为这些参与者的推波助澜，21 世纪初的资本主义导致了不平等、失业或不稳定就业、紧缩等社会问题。这种不满情绪在 2012 年达到了顶峰。2019 年，RealClear Opinion 调查公司在美国的民意调查发现，超过 25% 的受访者认为资本主义及自由市场已经失调，另有 15% 受访者表示希望政府能加大经济监管力度。[①] 自由派学者对经济学的批判声音尖锐刺耳，比如美国小说作者玛丽莲·罗宾逊（Marilynne Robinson）就曾经写道：

> 就在不久之前，全能的经济学之神就挥舞着超国家力量的魔棒，让全世界失望。现在他已经从灰烬中重生，并拥有比泡沫时代更大的力量和威望。在经济学之神的统治下，人们手中的财富变得摇摇欲坠，随时可能化为灰烬，让人不得不更加急切地臣服在他的脚下。（Robinson，2012）

---

① 参见 www.realclearpolitics.com/docs/190305_RCOR_Topline_V2.pdf。

不只是罗宾逊，还有许多人也将经济学视为一股"恶性的力量"，而非一门实用的学科。长久以来，许多作家认为，经济学与更重要的价值观及文化传统相悖。这要追溯到启蒙时期，理性主义认为自然可以被改造，而浪漫主义则对这一看法表示反对。约翰·罗斯金（John Ruskin）如果健在，一定会认同罗宾逊愤怒的咆哮，他本人也在其著作《给未来者言》（Unto This Last）中对工业资本主义进行过类似的抨击：手工生产创造财富，现代经济只会导致贫乏（Ruskin，1860）。

全球金融危机是大萧条发生之后影响最深、持续时间最长的经济衰退，会再次引发以上的批评也不足为奇。如果说经济学家有责任预测或纾解经济危机，那么这次金融危机已经充分说明，我们的工作还不到位。虽然许多经济学家不认为经济学作为一门学科存在根本性的问题，不同意小说作家及抗议者提出的带有艺术夸张成分的批评，不过也有许多经济学家开始对金融危机带来的教训进行反思，包括他们使用的学术理论框架，及其在政策制定方面扮演的角色。凯恩斯曾经说过一句非常著名的话：经济学家应该像牙医一样"谦虚又能干"，帮助人们矫正生活中的问题，并作出适当改善（Keynes，1931）。诺贝尔经济学奖获得者埃丝特·杜弗洛（Esther Duflo）也将经济学家比作水管工，这同样是一种实践性极强的职业（Duflo，2017）。

然而，我们却变得越来越像"科学怪人"弗兰肯斯坦博士

（Dr. Frankenstein），他在做实验的过程中打造了一个不受控制的"怪物"，造成了巨大的破坏。经济学家是否也打造了一个"怪物"？经济学是否塑造了一个残缺不全的世界？

在我看来，如果不考虑文学艺术的夸张成分，这种说法确实有一定道理。我所从事的职业确实需要对已经发生的事情承担一定的责任，之后我会解释原因。不过我认为这种责任主要涉及一种经济学方法，而这种方法已经在过去一段时间内慢慢退出了历史舞台，到金融危机时期已经被彻底否定。其实，金融危机可以被视作经济学重生的契机，经济学可以借此机会转型为更先进、更强大的经济科学，扎根于自然科学的阵营，就像启蒙时期经济学诞生时的定位一样。过去几十年经济学家一直影响着政策的制定，接下来我将在后文具体讨论，旧经济学与新经济学之间的拉扯如何影响公共政策的发展演变。

我的观点是，作为一门学科理论和一种实践活动，经济学确实参与塑造着其所分析的世界。对现在经济运作的了解、对未来经济运作的预期，在经济理论和模型中都至关重要。宏观经济学将经济体中的整体关系概括成经济模型，许多经济模型假设经济主体（也就是人）或多或少拥有正确的经济观念，这也称为"理性预期"。在某种层面上，这是一种合理的假设，根据这个假设，没有人能一直欺骗所有人：如果确实存在某种系统性错误，那么人们就会自行改变观念。然而落实到实践中，考虑到现实世界中千百万活生生的人进行计算所涉及的信息,这种假设就变成了一种强势且不现实的假设。

然而,"今天的行为取决于对明天的信念"这种假设,无论理性与否,其关键在于:它打开了自我实现的大门。只要预期的事情足够重要,想法就有塑造现实的力量。凯恩斯强调投资及消费过程中的"动物本能",这种观点在理性预期模型中被采纳并得到确认(Keynes,1936)。按照这种假设,即便是推测性的资产价格泡沫也是合理的:只要大部分投资人认为价格将继续上涨,这个预期就会实现(Santos and Woodford,1997)。

经济学要感谢社会学家罗伯特·K.默顿(Robert K. Merton)提出了"自我实现预言",不过在这个概念出现之前,现实生活中就已经存在许多关于自我实现的例子(Merton and Merton,1968)。最经典的例子就是俄狄浦斯的神话故事,主人公俄狄浦斯正是因为被预言影响了心理预期,最后走入了预言的悲剧结局。这在经济学中也一样:从20世纪70年代末开始,一些正式的经济模型逐渐问世,随着它们开始在决策中发挥核心作用,之后发生的所有事情都可能是自我实现。的确,在经济学家"不食人间烟火"的世界里,一切信息都是完美的,也不存在任何阻力,一切都可以不费吹灰之力在瞬间发生。

然而,许多经济学家从未认真思考过这些理论上的可能性,他们没有考虑过自己的想法是否会导向自我实现,也没有想过相关原则是否在经济模型的内部和外部都成立。如果主流的全球经济学就经济体或金融市场以某种方式建立了模型，而这个模型随后进入政府官员或金融市场交易员的脑海，并塑造他们的想法和预期，那么现实世界是否会逐渐变得与模型一致？如果经济学家只代表社会中的一小部分成员，并且用一种特定的思维方式进行思考，而这种方式已经被研究证实要比普通人的想法个人主义更强（Gerlach，2017），那么我们使用的模型也许就会按照模型制定者的视角来塑造世界。

这就是自我实现预言的加强版，也常被称为"操演性"，这个词最早来源于语言学，后来逐渐演变成现在的意思。现在，经济社会学家用它来形容那些可以塑造现实，而不仅仅是描述现实的经济模型。操演性在经济学中最典型的例子就是期权定价模型。罗伯特·K. 默顿之子罗伯特·C. 默顿（Robert C. Merton，以下简称小默顿），因其对发展期权定价模型的贡献，于 1997 年被授予诺贝尔经济学奖，一同获奖的还有迈伦·斯科尔斯（Myron Scholes）和当时已经离世的费希尔·布莱克（Fisher Black）。[①] 后来小默顿参与创立了一家投资公司，名为长期资本管理公司（LTCM），并将这个模型投入使用。2000 年，LTCM 公司因亏损 46 亿美元而破产，这仿佛是几年后金融危机的预演。

---

① 参见 www.nobelprize.org/prizes/econimic-sciences/1997/advanced-information/。

这个例子很难不让人想到俄狄浦斯,还有传闻说,小默顿的父亲也曾经通过LTCM公司进行投资。

那么,小默顿的期权定价模型是如何改变了金融现实世界,最终造成灾难性的金融滑坡?社会学家唐纳德·麦肯齐(Donald MacKenzie)对衍生品市场的大幅增长进行了长期追踪研究,从20世纪70年代开始,直至出现针对这些金融产品进行定价的可操作性模型。小默顿的贡献在于将期权定价公式简化成一个简易版本,相比其他竞争对手的模型,他的这个模型对市场交易员而言更直观,因为它直接将期权价格与其衍生的资产价格波动挂钩。另外,麦肯齐指出,费希尔·布莱克当时也向芝加哥的金融市场提供商业服务(那还是交易员在开放的空间、在不同交易区大声喊话进行交易的年代)。他的公司在市场之外的地方,使用布莱克-斯科尔斯-默顿模型在计算机上计算期权价格,然后把结果写在纸上,交易员将结果输入后便可轻松查看某一竖栏的数据。

麦肯齐提出证据表明,几年后,美国金融市场的期权价格开始逐渐与模型预测的结果趋同。而随着使用这个模型为其交易定价的交易员越来越多,每隔10年,模型预测与现实结果的差距就越来越小。麦肯齐还指出,由于这个模型是在芝加哥大学诞生的,它的学术血统使得监管部门没有以赌博为由取缔期权交易。易于交易员操作的模型、成功向金融界提供定价单、富有同理心的监管单位，这三者的共同作用，再加上计算机技术的发展，人们使用这个模型计算期权价格变得更加简单，模型使用范围也更广，导致全球衍生品市场从 1970 年的零起点开始迅猛增长，到 2010 年，名义价值已高达 1 200 万亿美元。[①] 当然这绝不仅仅是在学界发明了一个经济模型并向市场推广这么简单。当时芝加哥交易所的社会生态、较为宽松的监管文化政治环境、能够进行大规模数据处理和数字计算的计算机及软件，都在其中发挥了相应的作用。经济事件的发生从来不会只有单一的原因。不过，布莱克-斯科尔斯-默顿模型就像"科学怪人"一样打造了现代衍生品市场这个"金融怪物"，这种说法确实非常有说服力。

现在我们仍然有理由相信，这个"怪物"依然在金融市场横冲直撞，这要归功于高频交易算法（HFT）。高频交易即指令间隔不超过 650 毫秒的交易。该行为又衍生出一系列周边支持服务，比如销售"最快速机器可读经济数据及企业新闻"的公司，和"全球近地主机托管"服务等。

全球近地主机托管是指，交易员需要将其使用的计算机服务器安置在其进行交易的交易所计算机服务器附近。因为交易需要精确到纳秒的时候（十亿分之一秒），光速会变成一种非常关键

---

① 根据国际清算银行更新的数据，截至 2019 年底，场外衍生品市场待执行合同的总共名义价值是 560 万亿美元。虽然这与以上数据不能直接比较，但已在过去 10 年有所降低。

的物理障碍。如果下指令时使用的光纤电缆比竞争对手更长,哪怕多花几纳秒,也可能造成天价的损失。金融市场的发展已经从网络世界位置无关紧要的阶段回到了自然地理竞争的阶段。新的电缆已在宾夕法尼亚州阿勒格尼山脉的一个角落铺就,目的就是让新泽西卡特雷特的纳斯达克服务器与芝加哥南环区数据中心里的光量子离得更近一点(确切地说,近了3毫秒)。还有一项新的跨太平洋电缆工程,已经将传送时间提速了0.006秒,这样的提速绝对值得投入3亿美元。在那些匿名数据中心里,各个处理器通过一堆堆复杂的光纤电缆与交易所的处理器相连,就是为了与竞争对手拉开几秒的距离。2017年,从下达指令到执行指令的时间间隔已经降至84纳秒,相比2011年提速60倍。不过正在经历技术提升的不只是电缆。各竞争公司正在欧洲和美国争相建造微波发射塔,因为进行远距离传输时,微波比光纤更能接近光速传输(Anthony,2016)。许多例子都能说明,金融市场正在通过改变现实世界来进行虚拟的算法交易,堪称现实版的"愚公移山"。不过,最近有一个计划在英国肯特海边地带建造300米高的微波塔(几乎跟纽约克莱斯勒大楼一样高)的招标项目,已经遭到当地政府否决(Mackenzie,2019)。短波及卫星技术也正在研发中。现在金融市场大约一半的交易都是计算机高频交易,这一最新的发展让人联想到低轨道卫星编织算法信息网,一切都是为了从客户身上赚得更多、赚得更快。

有证据表明，2010年5月6日美国股市的"闪崩"事件，就是由自动的高频交易导致的。当天，道琼斯指数在6分钟之内狂跌600点，20分钟后才回升。2015年，美国监管机构曾试图把责任归咎于一名独立交易员，这名交易员位于伦敦西区，是一个数学天才。不过最近有一种观点认为，"闪崩"事件不是一个人能够操纵的，而是复杂的机器及监管网络共同运作的结果（Vaughan，2020）。当时的零售股票交易平台，也是2021年游戏驿站（GameStop）股价逼空事件的主要参与者——罗宾汉（Robinhood）通过城堡公司（Citadel）下单，而城堡公司之所以购买这些零售交易业务就是为了收集市场状态情报，以便改进自己的算法（Van Doren，2021）。

游戏驿站经历的股价动荡起伏显而易见，不过有证据表明，其实闪崩事件以前就已频繁出现，2011年之前的5年里总共发生了18 500次，只不过因为持续时间太短并没有引起人们的注意（Johnson et al.，2012）。在关于这项研究的一份报告中，作者引用了英国布里斯托大学约翰·卡特利奇（John Cartlidge）的观点："经济学理论一直滞后于经济学现实，而且由于科技发展，这个差异正在以前所未有的速度扩大。这带来的后果就是，我们现在生活的世界正在被金融支配，而我们并没有可靠的理论可以对此进行解释。"（Keim，2012）不过更令人恐惧的也许是，人们竟然认为经济学理论能够走在经济学现实世界的前面，而事实上我们对两者都没有很深刻的认识。这也难怪小说家罗伯特·哈里斯（Robert Harris）在他 2011 年出版的小说《恐惧指数》(*The Fear Index*) 中，将算法刻画成一个不受控制的交易员和小说中的大反派。显然，全球各监管机构都在努力尝试理解金融市场的运行逻辑，这也包括监管机构自身在其导致的危险而复杂的局面中扮演了什么角色，不过这些努力的结果究竟是令人欣慰的还是令人忧虑的还不确定[①]（Haldane，2012；Amadxarif et al., 2019）。

在技术发展特别是人工智能发展的驱动下，金融市场已经逐渐形成了一个独立的生命体，这一点应该已经不需要辩驳。就像一名专业投资人所说："人们一直很害怕机器会挣脱人类的控制，形成自己的文明，随着银行体系已不再服务于实体经济，这种恐惧已经成真。"（Snider，2011）他还描述了，仅仅美国银行这一家银行，是如何在 2011 年前三季度资产负债表上暴露出 74 万亿美元的衍生品，而在会计准则允许的前提下被写成 790 亿美元。[②]

不用多说，这些衍生品活动对实体经济的投资没有实质作用。金融业看起来对国内生产总值（GDP）贡献巨大是因为金融行为的定义及衡量标准，也就是金融中介服务间接测算

[①] 从那时起，针对美国监管机构出台了一系列报告及改革；在欧洲市场上，《反市场滥用条例》（MAR）于 2016 年 7 月 3 日起开始生效。

[②] 根据美国货币监理署（OCC）的数据，截至 2018 年 12 月 31 日，美国银行仍然保有 31.7 万亿美元的名义衍生品。

（FISIM）。这种定义方式实际上认为，风险行为对经济体、投机交易，甚至生产性投资而言都是好事（Christopher，2013；Coyle，2014）。

20世纪70年代以来盛行的金融创新对经济不仅没有实质贡献，还可能降低其价值，同时抛出了一些棘手的问题。经济学家还可以采取哪些方法？监管机构不应该把布莱克教授、斯科尔斯教授和小默顿教授拉上黑名单吗？为什么其他领域的创新或早或晚都会给消费者带来切实的好处，而金融领域的创新却没有做到？这些问题提醒着人们，想法不能存在于真空之中，还要考虑到现实的制度与社会结构。例如，创新带来的益处往往通过竞争机制进行传播，而在金融业，市场有足够的力量让金融家们坐拥垄断性的"租金"或是额外利润。另外，金融改革已经成功地把有效监管抛在身后，任由各种贪得无厌、不负责任的行为自由奔跑（Lanchester，2010）。

怪物与市场

金融市场对金融危机的发生至关重要，且难辞其咎，不过它并不是整个经济体，就像有效市场假说也不是全部的经济学。在金融市场进行交易的计算机不是经济学家，也不是经济学的体现，至少，大部分经济学家都不会将金融市场或有效市场假说视为经济学的巅峰之作。政客及监管机构如果愿意，完全可以出手整治失控的金融市场，同时不会伤害到整体经济。

有些经济学家并不认同我的看法，认为金融市场出现过度行为不是经济学的错。毕竟在金融危机发生前，就有经济学家警告过资产泡沫不可能持续，只是几乎没人具体预测出会发生重大的银行业危机。2000年，罗伯特·席勒（Robert Shiller）写下了《非理性繁荣》（*Irrational Exuberance*），成为当年的畅销书，各国媒体都报道过书中提到的警告。可以说，对于金融危机的发生，许多因素都应该承担比经济学甚至期权市场更大的责任，包括政治思想、金融机构的权力、金融机构对政府的游说、信用评级机构的奖励机制，以及赤裸裸的贪婪和不诚实行为。如果政客及监管机构当时认真听取了经济学家的意见，这场危机或许能从源头避免。另外也有一种主张，认为金融体系能让社会变得更好。一个结构良好的金融体系能够帮助个人及企业更有效地规避风险，同时将储蓄金放入生产性投资中。虽然席勒因预测出类似金融危机事件而闻名，但他也主张对金融市场进行扩张，原因之一是这有助于各国更好地应对可能出现的自然灾害（Shiller，2000，2003，2013）。

但是这种辩护忽视了经济学在催生当代金融市场中所起的根本性作用。经济学不可能理直气壮地与这个"金融怪物"彻底划清界限。

虽然操演性的说法在金融领域之外的表现较不明显，但依然有很多证据表明，经济学确实能够塑造现实世界。在经济学研究领域中，我们希望它能在某些方面奏效，但事实并未如愿。货币政策就是其中一个例子，政策制定者希望用模型说服大众，通货膨胀率将与目标一致，然而他们的可信度并不高。尽管如此，席勒还是给出了许多例子，说明经济学理论能够影响经济成果（Shiller，2019）。

自20世纪70年代末开始，有一种经济学方法日益在公共政策领域发挥作用，但过程中却没有考虑到理论与现实世界可能会互相影响。一直以来，我们都将市场视为经济体的重要组织原则，尤其是"自由市场"。在这种观念下，国家的角色应该被限制（这也是里根及撒切尔保守政府的观点），只在"市场失灵"以及提供"公共物品"时才能发挥作用，这些场景包括治理环境污染、交通堵塞，以及由国家提供基础教育等。我们必须看到，这种最低限度的国家干预以及扩大自由市场的意识形态在20世纪70年代发生了严重的"政府失灵"后才获得了巨大的力量（Coyle，2020b）。撒切尔夫人和里根政府采用的经济理论在当时并非不可撼动的主流理论，当时仍有许多凯恩斯派的拥护者支持政府对经济进行管理，不过到了80年代初期，理性预期革命到达巅峰，并与当时较不流行的哈耶克（Friedrich von Hayek）、弗里得曼等经济学家的观点成功地结合在一起（Stedman Jones，

2012；Slobodian，2018）。虽然后来经济学理论界和实务界渐渐与抽象的理性预期模型脱钩，不过这一过程持续了很长时间。这种脱钩也发生在宏观经济学领域：在金融危机前，宏观经济学坚持使用过于简单的"动态随机一般均衡模型"（Wren-Lewis，2012b）。这种脱钩也包括应用在公共政策领域的标准"新古典主义"经济学，这非常重要。金融危机后，时任英国金融服务监管局主席的阿代尔·特纳（Adair Turner）曾在一次发言中表示：

> 新古典主义学派的确倾向于实施一种监管理念，认为决策者应当鉴别出市场中会导致市场机制无法完整及高效运行的具体问题；同时，监管干预不应当抵制产品或是抑制市场波动，而应当着重满足公开及透明的要求，从而保证市场尽可能高效地运行。

在过去几十年间，这些观点及其倡导的自由市场理念在经济学界扮演着主导角色，虽然也存在一些反对的声音，但已经进一步得到了政策制定者的认同，许多发达国家的财政部部长、央行行长及监管机构负责人都对此深信不疑。凯恩斯曾经说过一句非常著名的话："自认为不受经济学理论影响的实践派人士，往往是某些已故的经济学家思想的奴隶。"不过现在还有一个更大的危险，就是那些参与重大决策、受过良好教育的人，往往是当代经济学家传统主流智慧的奴隶。（Turner，2010；Keynes，1936）

经济学在学术领域已经发生了巨大转变，不过在过去近30年间，作为一种组织公有及私有经济行为的机制，市场的范围也一直在扩大。20世纪80年代的公有产业私有化就是一个例子。虽然这些产业现在依然受到政府监管，但正如特纳指出的，这些监管行为的学术框架旨在对"市场失灵"的情况进行矫正，而这必须涉及某种特定的原因，比如违反了市场需求基本原则的外部性或信息不对称等。每个国家对公有部门与私有部门各自涉及的经济行为有不同界定，所以某些领域能否允许私有经济部分或全盘参与，这一问题仍有继续讨论的空间，比如供水供电、铁路航空、医疗服务等领域。

政府支出在经济中所占的份额在很长一段时间内都呈上升趋势，所以很难说市场正在广泛地取代政府的角色。然而，在新公共管理的框架下，市场思维也被应用于政府的内部运行中。詹姆斯·布坎南（James Buchanan）和戈登·塔洛克（Gordon Tullock）于1962年出版了《同意的计算：立宪民主的逻辑基础》（*The Calculus of Consent: Logical Foundations of Constitutional Democracy*）一书，首次将理性选择的逻辑引入政治及公共管理的领域。奖励机制能够直接决定行政决议、政策决定，以及市场的经济选择，这一观点的引入为未来在公共领域大范围使用奖励机制奠定了基础。

这种方法就像通过市场失灵来限制政府在经济管理中扮演的

角色一样，在今天依然随处可见。不过这种方法的某些方面也遭到了强烈反对，比如使用定量绩效目标，因为这种做法明显会使公有部门工作人员的行为重点偏离价值和人生意义，转向具体的既定目标。近年来，向私企外包公共服务的现象频繁出现，并且与日俱增，引起了巨大争议。这些外包领域包括曾经被视为公共服务的领域，比如在刑事司法体系中，监狱变成私人经营的营利机构，或是由公司向法院提供量刑算法。无论如何，公有部门完全依靠奖励机制而不通过道德、价值或专业精神来提升绩效，已经成为当今政治讨论中一个很热门的话题。除此之外，在公共服务中使用竞争机制（或是强调可竞争性）的现象也日益受到关注。

对市场范围不断扩张的担忧早在金融危机发生前就存在，经验也已经告诉人们，为了提高绩效而设立奖励机制要比早前构想的公共事业改革更微妙、更困难。迈克尔·桑德尔（Michael Sandel）在畅销书《金钱不能买什么：金钱与公正的正面交锋》（*What Money Can't Buy: The Moral Limits of Markets*）中言辞激烈地写道，经济学要为市场扩张及市场思维渗透进不应渗透的领域负责。他认为是市场造成了道德水平及公民价值的衰退，因为它引入了一种不恰当的评价模式：在监狱、战争等领域允许私人供应商进入并实行私有化，这些做法已经腐蚀了普世的民主理想。桑德尔还写道，我们必须"对这种市场优先观念背后的假设进行质疑，根据这种假设，一切事物都能以同样的单位进行度量"(Sandel, 2012：104)。哲学家伊丽莎白·安德森(Elizabeth Anderson)也明确表达了类似观点,她指出不同类型的价值具有不同的意义,同时她也认同,公共政策在制定的过程中,就直接或间接地将不同的价值压缩成了一种单一的判断(Anderson, 1993)。类似这些针对市场机制的保留意见,相信许多人都有共鸣。

全球金融危机给经济学批评者提供了许多可以抨击的把柄,或者至少佐证了在他们眼中,经济学在塑造市场形象中所扮演的角色。越来越多人开始呼吁制定经济学家的行为道德准则,在这种压力下,美国经济学协会(AEA)同意制定相关准则,尽管这实质上与其他学科研究人员的基本行为准则并无明显差别。根据这份行为准则,研究人员必须公开研究经费来源,才能在 AEA 期刊上发表文章。[①] 即使是在经济学内部,也有各种各样的回应,其中包括越来越多的批评的声音。比如,赞助研讨会与研究工作的新经济思维研究所(Institute for New Economic Thinking),以及积极开展各种活动的经济学再思考小组(Rethinking Economics),许多这样的国际组织都在积极应对主流经济学一家独大的现状。他们的确言之有理。几位诺贝尔

---

① AEA 职业道德准则于 2018 年 4 月 20 日开始实行(http://www.aeaweb.org/about-aea/code-of-conduct 2019),英国皇家经济协会也于 2019 年采用了相关文件(http://www.res.org.uk/resources-page/code-of-conduct-pdf.html)。

奖得主都提出，经济学五大顶级期刊作为衡量学术成功的标准，提供的空间过于狭窄（Akerlof，2020；Heckman and Moktan，2020）。主流经济学对批评的声音置若罔闻，无论这些批评来自非经济学人士（在他们眼中，经济学只关心市场化，但事实并非如此），还是那些感觉受到主流经济学的打压而将自己定义为"异类"的经济学家。大量实证研究显示，在许多领域，市场结构确实比政府管控更能取得令人满意的成果，包括在公共服务领域。然而经济学家都知道，所谓的主流经济学其实已经在过去 25 年里有了很大的改变，而这一点非经济学家往往认识不到。在经济学的许多领域，自 20 世纪 70 年代以来深深影响了公共政策的自由市场理念早已一去不复返，取而代之的是一种更为兼收并蓄的现代主流经济学，它兼容了传统经济学对奖励机制的重视和选择的不可避免，也吸收了近年来实证研究带来的新认知，包括人类心理学、科技的影响、制度与文化的重要性以及对历史的长期影响。

例如，经济学一直积极主动地汲取应用行为模式以及认知科学的研究发现，这些发现已经证实了，在某些情况下，传统经济学所假设的理性选择并不适用。目前，有一类研究非常活跃（虽然我个人对此持保留意见），研究内容包括探索需要应用新行为假设的领域，如何应用，以及应用对经济政策的影响。同样，制度经济学认为集体决定应大于个体选择的总和。制度经济学承认人们的兴趣多种多样，政治（无论是政治现象还是政治学）、历史、文化都会对经济产生重要影响。经济学史及社会学也正在对主流经济学产生比以往更大的影响。在影响经济选择的交易成本及信息不对称等方面，研究工作也在如火如荼地进行。

这就意味着在经济学家日常使用的理论框架中，其实很大部分都与今天的政治讨论及政策应用领域的日常经济学没有关系。矛盾的是，那些对"经济学"持批评态度的人，往往会称赞在兼收并蓄的现代主流经济学中实践的顶尖经济学家。里根和撒切尔夫人使得经济学与政策制定紧密相连，这已广为人知。许多经济学家很早就知道，现在经济学的实践方式实际上比公众认为的更微妙复杂，只不过这个事实很少有人提及，所以"经济学家都是自由市场理论家"这种错误的认知才一直延续至今。经济学家或许应该就现在主流经济学的实际研究内容，与公众进行更有效的沟通，同时也要承认学术研究确实存在不足，比如五大顶级期刊的瓶颈现象。

导致沟通不畅的一部分原因可能涉及经济学中的一个分支，也是非常重要的一支，那就是宏观经济学。虽然这个领域的经济学家人数较少，但它却吸引了最主要的公众视线。普通人所认为的经济学家的工作——对整个经济体的运行结果进行预测，比如通货膨胀、经济增长、利率变化、政府借贷等，其实是宏观经济学家的任务。虽然宏观经济预测确实具有非常重要的作用，也常常接受媒体报道（第二章将具体介绍宏观经济学），不过大部分经济学家的工作完全不涉及这个领域，而是在更为广泛的领域从事更具体的工作，研究创新、医疗及养老金等课题。至少在英国，2016年的脱欧公投结果就迫使大部分经济学家认识到，与公众进行更及时有效的沟通非常重要。当时，90%的经济学家都认为离开欧盟会让英国经济变得更糟，也有不少人公开表明了这种观点，[①]不过，这显然并没有说服超过半数投票的公民。

将市场视为一个过程

经济学内部一直有持不同意见的人，他们认为金融危机印证了自己的观点，认为已经到了要对经济学进行"范式转移"的时刻（Kuhn，1996）。我个人认为，主流经济学从来都不是一家独大的声音，它在过去20多年间已经发生了巨大的改变。现在，主流经济学的重心已经从理论研究转向应用研究，从宏观经济学转向微观经济学，从抽象的理论转向具体的制度及行为。不过这种转向并不表示经济学家已经摒弃了市场。现在仍然有许多经济学家认为，在一般情况下，市场机制要优于政府直接干预，他们

---

① Sonia Sodha, Toby Helm, and Phillip Inman, Economists Overwhelmingly Reject Brexit in Boost for Cameron, The Guardian, 28 May 2016, https://www.theguardian.com/politics/2016/may/28/economists-reject-brexit-boost-cameron.

依然呼吁以市场的方式来解决政策的问题（比如碳交易和教育券制），对贸易自由的优势依然深信不疑。根据具体应用研究提供的证据，经济学家这些本能性的观念基本都能成立，但如果证据表明政府应承担更多责任，那么经济学家也会建议这么做。全球金融危机暴发十几年来，民意也确实在朝着这个方向转变。无论人们如何看待这种转变，"助推"机制都是新干预主义的一个例子，这证明了政策也承认心理效应对现实的影响，比如缺乏活力或是框架效应。市场设计是经济学中一个蓬勃发展的领域，它将市场进程与塑造市场运作的规则相结合，并应用于政策领域。新冠肺炎疫情也已经使得政府大规模干预经济成为现实。

那么经济学家本能地信任市场究竟有什么依据？普遍均衡理论（General Equilibrium）是一个重要的原则，它认为经济体内的一切都存在内在联系，任何行动都会引起深远的影响。这个理论能够有效防止人们掉入社会工程学的陷阱，因为要了解每个行动或政策可能带来的结果是非常困难的。普遍均衡理论假设在一个抽象、理想的世界中每个人都一样，都会根据先定偏好做出选择，而不考虑交易成本和外部因素。根据这些假设就有可能证明，竞争性均衡的结果与善意的中央调控所做的决定完全相同。而在这些抽象条件中，市场承载了一系列通过价格进行调控的个体交易行为，这是发现及满足个体偏好最有效的方式。这种方法以及基于这种方法推导出的"市场是组织经济的最佳方式"的观点,是经济学研究生的必修内容。但是,只有极少数专门研究理论和教授普遍均衡理论的经济学者,才需要对这个理论进行深入思考。经济学家的市场导向本能(幸好)不取决于是否理解掌握不动点定理,因为市场在实践中的作用要大大超过其在理论中的作用。市场经济让许多人过上了更好的生活,许多创新因此得以实现,进一步改善了人们的生活,使得人们在收入及时间都有限的情况下做出最适合自己的选择。

我们应该将以下两者做个区分:一是将市场视为一种价值的来源及衡量标准,这也是桑德尔等批评人士提出的质疑;二是将市场视为一种协调经济行为的过程。这两者常被混为一谈,许多强烈支持将市场价格作为最佳乃至唯一价值分配方式的经济学家也不例外。不过,桑德尔认为有些价值不能用金钱衡量,因为这么做可能会削弱重要的非物质价值,这个观点有一定的道理。许多人认为,给生物多样性和气候贴上价格标签是不道德的行为,而经济学家认为,将价格机制作为一种市场过程能够保护物种、减少碳排放,不过在这方面我们应该进行更好的沟通,这样才能与批评者进行更有成效的对话。

尽管如此,市场的高明之处,就在于它能够在发现与挑战的过程中协调资源的使用。通过供求关系形成的价格能够提供许多有用的信息,这就是一种行之有效的协调机制。以下是保罗·西布莱特(Paul Seabright)的描述:

早晨我出门买了件衬衫,衬衫本身只是现代工业奇迹下的一种简单产品,不过它象征着国际协调分工的成功。棉花在印度种植,种子由美国研发,织线里的人造纤维来自葡萄牙,染色剂里的原料来自至少六个国家,领衬来自巴西,纺织、剪裁、缝纫的机器来自德国,衬衫在马来西亚制造。这件衬衫从制造到运送到法国图卢兹再到我手上,是一个经过长期计划的项目,因为早在两年前,印度的农民就要开始在哥印拜陀平原的农田上锄地种棉花。很多年前,科隆的工程师和伯明翰的药剂师也参与了这个项目……不过他们绝对不会料到今天我会买这件衬衫。(Seabright,2010)

经济学家也承认,在许多情况下市场价格确实会将许多重要因素排除在外,比如燃烧化石燃料排放了多少二氧化碳,以及科技公司共享数据所涉及的负面因素(侵犯隐私)及正面因素(获取有用的聚集信息)等。但是,中央调控没有能力复制这样的信息协调过程。即使今天已经拥有了更强大的计算机、大数据和人工智能,我们依然有充足的理由相信,计划经济仍然很难实现,这一点将在第六章具体讨论。

随着时间的推移,竞争激烈的市场还提供了一种改变资源分配的绝佳办法。约翰·凯(John Kay)把这种功能称为"发现过程"。约瑟夫·熊彼特(Joseph Schumpeter)把它定义为"创造性破坏"（Schumpeter，1994）。市场竞争就是经济动力的来源，它们推动着创新、新产品及服务的产生和增长。其他经济组织方式（包括中央调控）也许能在一段时间内，甚至很长一段时间内维持增长（Acemoglu and Robinson，2012），不过，如果没有市场资本主义，过去250年间不断涌现并且蓬勃发展的大部分新产品和服务都不可能出现。

这里要强调一下，以上表述中"竞争"才是关键。在公众讨论中，市场与企业常常被混为一谈。亚当·斯密在《国富论》中有一个著名观点，即企业家为了更高的利润会天然地站在公共利益的对立面。对企业有利的政策使大型企业及寡头垄断企业获取了更多利润，但这绝对不是对市场或对经济有利的政策，可惜这种区别常常被人忽略。经济学家倡导市场竞争，但企业仇视市场竞争。英特尔公司的安迪·葛洛夫（Andy Grove）就曾经在他1988年出版的书籍中写道，竞争意味着"只有偏执狂才能生存"。市场的优势就在于竞争，不过企业却希望没有竞争。当然确实也有一些经济学家收了企业的好处，提出各种有利于企业，却不利于竞争及市场的观点。

市场竞争是需要精心呵护的温室花朵。有些企业为了保障自身利益，把新的玩家挡在市场的门外，以减少竞争，这种现象需要政府及监管机构小心。这样的企业越是成功、势力越大、利润越高，要维护市场竞争的公平性就越困难。在民主体制内，企业利益的增长常常会被民众愤怒的浪潮所席卷。最经典的例子就是20世纪10年代对标准石油公司（Standard Oil）等巨头企业进行的反垄断拆分，起因是记者艾达·塔贝尔（Ida Tarbell）的一篇调查报道。之后，随着1929年股市崩盘、经济下行，不平等问题日渐尖锐，再加上爵士乐时代富人们的炫耀性消费，使得民粹主义及民众愤怒情绪日益高涨。近年来也有一些报告指出，由几家美国巨头公司主导的数字产业需要进行重组，以鼓励市场竞争（Cremer, Montjoye and Schweitzer, 2019；Furman et al., 2019；Scott-Morton et al., 2019）。虽然确实需要这样的调控措施来保证市场公平竞争，使其不受大企业利益的操纵，不过我们还不能完全确定，美国及欧洲的现状是否已经到了需要采取行动的时候（Philippon, 2019；Bajgar et al., 2019）。

市场的根本属性就是发现的过程，原因在哈耶克的经典文章《知识在社会中的运用》（*The Use of Knowledge in Society*）中作出了清晰阐述。他在文章中将"关于某特定时间及地点的知识"称为"未经组织的知识"，而市场能够协调组织这些知识（Hayek, 1945：521）。这些知识的性质就决定了它们不可能被统一整合或转化为统计数据，只有去中央化的方法才能运用这些知识。哈耶克写道："关于这个体系最重要的是知识经济体及其运作体系，也就是说，参与者并不需要获取多少信息就能采取正确的行动。简单而言，最关键的信息通过一种象征方式就能被传递,并且只传递给最需要这些信息的人。"(Hayek,1945:526-527)然而,市场作为协调及发现过程的优势并不能掩盖它作为估值手段导致的弊端,因为这两种市场功能是同时共存的。通过市场将经济资源在不同领域进行分配的同时,也意味着给不同的事物进行了标价。有一种对经济学的批评被称为"桑德尔批评",不过经济学家往往没有充分意识到这种批评的实际意义。在有些情况下,当非货币价值的重要性超过货币价值时,低效分配机制反而效果更好。一方面,这样的例子主要集中在公共参与的价值方面,也就是"共和精神"(republican virtues);另一方面,公平也是一个重要的考量因素。战争时期实行定量配给必然导致黑市交易,监管部门必须花大力气进行治理。传统经济学认为价格是最有效率的定量配给机制,这样会出现一种颇为讽刺的情况,即如果供应受限,对稀缺资源最好的利用方式就是把它们分配给最重视这些资源的人,而这种重视则体现在愿意比其他人出更高的价钱购买。这个观点也被应用在房租管控和外汇管控领域,不过战争时期对食物及衣物的需求和平时对房屋的需求不能拿来相提并论。类似的原理也可以解释为什么新冠肺炎疫情期间监管机构要整治哄抬物价的行为,对抬高医疗用品及民生必需品价格的行为也进行了打击和处罚。发生战争或疫情等全国紧急情况时,必须保证全体人民的公平,即使这会导致某种程序的低效分配。在这种情况下,公平作为一种非货币价值,应该优先于价格信号及市场效率。

不过经济学家也必须清楚，甚至要比桑德尔更清楚，什么时候公共价值大于市场价值，什么时候市场过程能够发挥作用，即使是在人们想要使用非货币价值来衡量的领域。这些领域包括桑德尔提出的战争和司法领域，以下两点许多人都会认同：不希望看到付钱就能逃避征兵，不希望用钱能买赢诉讼。除此之外，桑德尔还提出将药物置于市场之外，他给出的原因是：总不能只有富人才能买到肾脏或心脏。大部分支持免费全民医疗服务（NHS）的英国人都会同意他的说法。不过这里其实就涉及价值与过程的区分。诺贝尔经济学奖得主阿尔文·罗思（Al Roth）针对这种"令人厌恶"的市场深度思考之后设计了一个"肾脏交易所"，除了不涉及金钱交易，整个交易所都按照市场的特征进行组织，将供应商及用户连接在一起。交易所建成之后短短几年，新英格兰地区就有 30 人通过这个市场获得了肾脏，并且不需要付费（Roth, Sonmez and Ünver, 2004；Roth, 2007）。时至今日，全世界已有上千人从中受益。[①] 将概念上独立的市场作为连接供需的机制，并通过市场给事物标价，这些做法也许能帮助我们更好地评估那些具有公共价值或内在价值的事物。举例来说，英国时常会有针对如何进行全民医疗服务的讨论，其实这种

---

① 许多国家现已开设肾脏交易所，www.bbc.co.uk/news/business-50632630。2019 年 3 月，英国活体肾脏分享计划已进行了第 1 000 次肾移植手术。

讨论的核心就涉及过程与价值的区分问题。现行的免费医疗制度对公民免费，由纳税人买单，支持进行医疗改革的人已经明确表示，他们并不想挑战这些基本原则；而反对改革的人也坚定地认为，私有化才是改革派心中不可告人的目的，对于这种指控，改革派非常愤怒。其实双方都在某种程度上误解了对方。一些反对扩大英国医疗市场范围的人以公平为理由拒绝改革，他们希望通过排队而不是通过价格调控进行定量供给；另外一个反对的理由是公民参与，因为全民医疗服务是英国最重要的公民制度之一，通过共同经历把人们凝聚在一起。这一点在2012年伦敦奥运会上也有体现。当时全体英国人齐聚一堂，一同庆祝英国最辉煌的成就。同样的情况也发生在2020年新冠肺炎疫情暴发时，当时全体英国人都待在自己家里，为全民医疗服务鼓掌打气。虽然有些改革派也是理论家，不过至少有一些改革派正在努力尝试介绍竞争性供应的发现过程，告诉民众这样做可以提升全民医疗服务的效率，它不等同于私有化，也不是将货币价值置于至高无上的地位。如果我们能够将过程与价值的区别解释得更清晰，或许能促进这样的政治讨论。

通过行为经济学解决问题

前文已经讨论过，经济学确实应对将现实世界塑造成其理论描绘的样子，负一部分责任，而这种塑造过程在金融市场方面体现得较明显，在社会市场化方面较不明显，当然，政治意识形态以及普遍的公共政策理论框架也起到了重要的作用。与经济学相比，政策环境对自由市场和新古典经济学理性预期模型更为依赖，过度依赖的时间也更长。

尽管如此，我依然坚定支持经济学对自由市场的推崇，因为这是有效分配资源的必要过程。供求之间的竞争有利于高效利用资源，也能鼓励长期的商品服务创新。经济增长的实质就是创新，新的想法能提升生活品质。GDP增长不只意味着更多的面包和衣服，也意味着新的药物、更丰富的书籍内容、互联网和智能手机等以前难以想象的产品、出国旅行的机会、去电影院看电影、参加奥运会（Coyle，2014）。人类的好奇心确实能带来许多新的发现，不过这些发现需要有商业动力和吸引顾客的竞争压力，才能转化成能大规模生产、可负担、能提升生活品质的商品及服务。过去几百年，正是这些创新大大改变了世界，人们的生活也因此变得更丰富多彩。

不过经济学家也应该承认，市场在衡量价值方面的确存在不足。除了一些众所周知的市场失灵的例子（比如污染和国防必需经费），并不是所有的价值都能通过价格进行衡量。在某些情况下，非货币价值应该且必定要胜过货币价值。要精确判断哪些领域更适用利润与价格、哪些领域需要让其他价值优先于市场价值并不容易（比如公平和公众参与）。具体的界限划分每个国家都不一样，历史进程也不一样，这个问题也将一直是政治讨论的重心。不过即便如此，对于批评经济学过于强调市场作用的声音，经济学家依然可以通过区分市场的组织行为功能和价值衡量功能来进行回应。

然而还有一种批评的声音认为，既然经济学假设人们都是理性自私的个体是绝对错误的，这就意味着经济学从一开始就已经走偏了。那么，如果经济学不使用理性自私假设，要如何对经济行为进行建模呢？

对此，经济学家将目光投向了行为心理学。如果说，我们在进行分析时使用的各种变量包括对人类行为非理性的"偏见"，大部分经济学家都很乐意接受。这里我所说的偏见指的是偏离传统经济学的假设，这些传统假设认为人们会根据已知信息和固定偏好作出对自身有利的理性计算，并且计算方式可以预见。像这样的偏见有很多，包括镜框效应（对选择的描述方式会影响最后的选择）、禀赋效应（人们对已经拥有的东西会作出更高的价值评价）、主观概率评价高于客观概率，等等。丹尼尔·卡尼曼（Daniel Kahneman）于 2011 年著书，将这些现象解释为"快思维"与"慢思维"互相作用的结果，而这两种思维由大脑的不同部位负责。快思维包括依靠经验和直觉进行选择，是最常用的思维模式；而慢思维是指理性计算，由于大脑结构的原因，进行这种计算需要耗费更多精力，是一种更费劲的思维模式。一直以来，传统经济学作出的假设只考虑到慢思维，不过现在正在通过行为经验，逐步将快思维也纳入考量范围。

这种方法论层面的解决方法也存在局限。首先，什么时候使用理性假设、什么时候使用行为假设的界限并不清晰。2002年，卡尼曼与弗农·史密斯（Vernon Smith）共同获得诺贝尔经济学奖，史密斯在这方面的试验性研究发现，人们在冲动的"快思维"模式下做出的决定，常常与传统经济学理性假设预测的结果完全一样。其他对动物行为的研究也发现，鸽子、老鼠、蜜蜂、卷尾猴交换食物的行为与理性计算的"经济人"特征一致。基思·斯里诺维奇（Keith E. Stanovich）在其研究中指出："除了人类，其他动物的行为也严格遵循理性选择的原则。"（Stanovich，2015）利己和竞争是成功进化的驱动力。在大脑中，每个神经元就像是一个独立的"经济人"。最后进入我们意识的，是受到感知诱发的神经元冲破大脑皮层后激烈竞争的结果，当然也取决于精力。认知科学家提出，这个过程可以借用经济学的约束优化问题（IDEI，2011）进行建模。看起来，人们确实会在某些情况下使用慢思维。这其中的关键可能在于"简单"二字：斯坦诺维奇指出，简单的思维（比如鸽子）或是简单的环境都会使得理性思维变得更容易进行。罗伯特·奥曼（Robert Aumann，2008）、格尔德·吉仁泽（Gerd Gigerenzer，2007）等学者也建议经济学使用经验型思维或快思维，这种思维有时导向理性最佳选择，但有时不会。或许可以把它称为"理性的非理性思维"。

第三章还会继续讨论在制定政策过程中使用行为经济学而引发的问题，包括假设政府干预能引导人们作出更好的选择。不过"更好"的根据谁的标准？这里我想说，在经济学与其他人文科学互相借用概念的研究中，这是最前沿的讨论之一。达尔文受到了"马尔萨斯（Malthus）人口论"的启发，他的思想又反过来启发了许多社会科学家，包括扭曲了达尔文思想的社会达尔文主义和马克思主义（马克思曾经希望在《资本论》中向达尔文致敬，却被礼貌回绝）。从此，演化的思想就常常被经济学家应用在商业及市场中，因为竞争就是一种适者生存的过程。另一个生物学与经济学有机结合的例子是博弈理论。约翰·梅纳德·史密斯（John Maynard Smith）和乔治·普莱斯（George Price）借用了演化博弈理论的概念，随后进行了生物方面的研究，将研究成果返回经济学，影响了经济学家对利他主义和互惠原则的看法。这样的学科间交叉研究会持续进行，并应用在经济领域，尤其是金融产业，其中也涉及生态学中复杂的模型及网络（比如Haldane and May，2011）。

经济学与生物学之间这种长期的互相渗透不难理解。从根本上而言，经济学既是自然科学的一部分，也是人文社科的一部分。经济学奠基者之———大卫·休谟（David Hume）认为，他提出的政治经济学概念，也是我们从能感知到的知识中理解、折射或推理的一部分，旨在探索自然宇宙中，历史及文化如何影响个人及社会在使用资源时进行的选择。现代经济学必须坚守这个知识起源。查尔斯·珀西·斯诺（C.P. Snow）因在讲座中将知识分为"两种文化"而闻名（Snow, 1963），他后来对此进行了反思，发现还有第三种文化，也就是社会科学：

> 在这次讨论的表层下，我越来越意识到，还有一些学术思想也非常令人惊叹，它们在没有组织的情况下自行生成，没有人牵头，也没有明确的方向。这些思想看似来自不同的学科，包括社会历史学、社会学、人口统计学、政治科学、经济学、政府学（美国学界的定义）、心理学、医学、以及建筑学等社会艺术学。表面看起来杂乱无章，其实内在有非常清晰的联系。它们共同关注人类现在和过去的生活，关注事实，而不是传闻逸事。（引用自 Gould, 2003：42）

经济学想要成为实证自然科学，许多批评者对此嗤之以鼻。经济学经常被指责存在"物理嫉妒"[①]（physics envy），说得好像

[①] 物理嫉妒这个词常用来批评商业研究和人文学科等领域的学者过度使用复杂的行话和数学公式，目的是使研究看起来更加"严谨"，更像是以数学为基础的学科，如物理学。——译者注

这是一种罪行。这种指责的核心往往是经济学过于机械主义或过于还原主义，不过这又涉及另一个问题。批评的人似乎没有注意到，经济学其实是从生物学中得到的启发（或者从物理学的不同技术中得到启发，如相变的非线性动力学）。可能有人会反对说，经济学不应定位在科学的阵营中，因为它不可能使用自然科学的实验性方法论，即使像 2008 年金融危机或 2020 年新冠肺炎疫情这样的事件也不能提供实验证据，因为它们都是偶然事件，而且今天的世界与过去截然不同，甚至与 20 世纪 20 年代和 30 年代的情况都不一样，不能一概而论。然而事实上，不仅在经济学中已经越来越多地运用到实验的方法和随机控制实验，自然科学本身也不是像人们以为的那样，只是单纯地运用了一些经典的实验性科学方法。对此，史蒂芬·古尔德（Stephen Jay Gould）认为：

> 大量研究事实的学科认为（显然是能够通过自然法则进行解释的科学，至少是在原则上），历史上不同种类且极其复杂的偶然系统，比如大陆和地貌的历史或生命系统发育模式，根本无法使用实验室中测试和应用的自然法则进行推导或预测，却强烈依赖于叙事中的先前历史状态的独特性，这种独特性只能进行事后解释，却无法事先预测。（Gould, 2003：42）

古尔德认为，自然科学家对叙事性历史解释的轻描淡写，这其实是在限制自己的研究工具，完全没有必要。这个观点也适用于经济学。

经济学的相邻学科包括演化理论、认知科学、社会学和政治科学，不过比这些学科更为复杂的是，经济学还能改变其研究的现实世界，这已在本章开头进行了论述。想象一下，假如科学怪人弗兰肯斯坦博士不只是想打造一个怪物，他还预测到了怪物获得意识后的所作所为，那么他就可以根据后来可能发生的事情改造自己的发明，同时警告世人怪物的杀伤力。或者换一个例子，把经济学看成气象学，它们都涉及广阔且复杂的非线性动力体系，也都包括一些具有意识和自我意识的大气变量。这就会导致出现之前提及的自我实现或自我颠覆属性：如果经济学家准确预测到了某次金融风暴或经济衰退，政策制定人及其他人根据预测采取了行动，那么这究竟是预防了危机，还是造成了危机呢？

经济学家当然需要对经济学发展缓慢这一事实抱持谦虚的态度，不过我们也绝对不能否认，经济学确实是当代科学发展这一伟大进程的一部分。全球金融危机既帮助我们保持谦虚，也让经济学家重新思考经济学研究最初始的问题：我们能知道什么？而不只是一味进行理论化。要公开承认错误很难，对已经将某些概念和理论视为自己专业一部分的经济学者更是难上加难。不过，只要这些冲击能够让经济学调整方向，转向研究人类行为及商业行为，下载大数据并使用统计数据方法进行分析，那就很令人欣慰。

负责任的经济学

相比凯恩斯提出的"谦虚且能干"的牙医和杜弗洛提出的水管工的比喻,也许经济学家更应该像实验室技术员,不是像弗兰肯斯坦博士,而是像他那位谨慎的助手。由于一些原因,最近在经济学研究领域出现了大量严谨具体的实证研究。计算机技术提升意味着我们能够创建、获取和共享更多数据。分析经济数据的数据分析技术也已不断提升,实验法和随机控制实验等技术已被广泛使用。在严谨方面当然永远需要精益求精,不过理论与证据的互动已然成为推进理解的核心。

不过颇为讽刺的是,虽然这些实证研究每天都在海量生产和发表,包括各种跨学科研究(如心理学、流行病学、工程学及历史学等),但公众对于经济学的负面印象却并没有改观。这表示经济学家并没有成功吸取到近年经验教训中非常重要的一点,那就是能够改变世界的学科也必须与世界互动,必须参与公共讨论、提升公众对经济学工作的认识。现在,更大范围的互动已经开始。比如在博客上,经济学家得到了比其他社会及自然学科研究人员更多的关注(Thoma,2011)。也有许多经济学家参与了社交媒体平台的讨论。这些都是可喜的变化,因为经济学家确实肩负社会责任,也应该对经济事件负责。

第二节

为什么经济学能独享尊位

为什么政府没有设置首席人类学家职位？许多国家都为自然科学家和经济学家在政府设置要职，而其他社会科学家却没有得到这种待遇。为什么经济学家得以在政策制定过程中处于中心地位？这种中心地位是否合理？本书已经讨论了经济学对世界的影响，包括对金融市场的具体影响，及其如何在宏观上影响、塑造了政治及政策讨论的学术及实践框架。那么经济学对政策制定有什么影响呢？这个领域包括学界经济学者及智库经济学家对具体政策作出的大量评价，以及政府内部经济学家肩负的重要职责。这些影响又会带来哪些责任？

我在经济领域的工作始于英国财政部。现在，英国政府部门总共有几千名经济师，包括白厅各部门、各监管机构、英国央行及各金融监管单位、地方政府及相关单位。图1–1显示了在政府部门工作的经济学家人数的增长（2020年达到2 000人，因为准备脱欧公投而进行了大量招聘）。

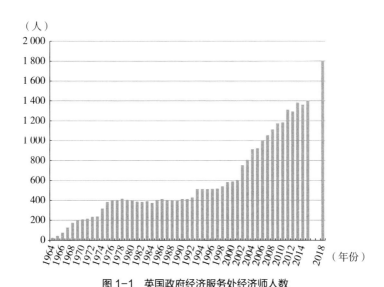

图1-1　英国政府经济服务处经济师人数

资料来源：英国政府经济服务处。

政府经济学家的工作内容各不相同，不过在一项针对英国政府经济服务处（Government Economic Service，简称GES）所做的调查中，该部门成员将自己的工作内容进行了分类，结果显示，绝大多数人表示自己工作的最主要任务是与非专业人员就技术性的经济分析结果进行沟通，包括本部门内非经济专业的同僚及政府官员（Portes，2012）。① 这样的沟通能够直接影响公共讨论，也是经济学智库和学界的主要作用之一，智库中成百上千的经济师每天的工作就是围着公共政策转，学者在做科研时也会被项目出资人要求说明和证明项目研究能够对政策产生多大影响。这些都清楚表明，政策经济学其实是一项说服活动。

我在前文就有指出，今天学界的经济学与政策制定时采用的经济学之间有误差。虽然现在的主流经济学研究已经逐渐摆脱了20世纪80年代自由市场的理性预期假设，但是政府使用的政策经济学却没有跟上。这种滞后无法避免。凯恩斯那句曾被引用过无数次的名言，就向世人警告过经济学观念在过了保质期后可能造成的长期影响："监管机构里的疯子听见空气中传来一些声音，于是伸手抓来一些好多年前生产的学术糟粕，跟自己的疯癫一同酝酿发酵。"（Keynes，1936）这种表述或许带有夸张的成分，不过我们确实不能期望学术圈之外的人能在完成本职工作的同时，还能跟上学界的脚步。

不过，我想再提出两点。第一点是政策经济学的核心悖论。分析政策的经济学家几乎无一例外站在一个客观全能、无所不知的局外人角度，旨在将社会福利最大化；然而当我们通过制定公

---

① Jonathan Portes, Economists in Government: What Are They Good For?[Z/OL]. (2012-01-12)[2012-04-30]. http://notthetreasuryview.blogspot.co.uk/2012/01/economists-in-government-what-are-they.html.

共政策将经济学家放入现实中,他就无可避免地站在了自己建立的模型中。经济学家不是天降奇兵,没有扭转乾坤的能力。政策必须通过政策制定者和经济学家才能实施,实施过程也充满困难,除了可能出现"市场失灵",还有可能出现众所周知的"政府失灵"。许多文章都探讨过政策失败的例子,比如巨额投入打造的 IT 系统形同虚设、重大项目超出预算几十亿美元,这些政策不仅行之无效,甚至还会适得其反。其中有一个例子非常能说明问题:2009 年,美国为了提振困境中的汽车工业,出台了旧车换现金计划(Cash for Clunkers),具体内容是人们可以用旧车换一笔钱,然后把钱用来购买新车,既保护环境,也保护了通用汽车公司。但结果是汽车工业的利润不升反降。原因是政策分析时没有考虑到在现金吃紧的情况,人们更愿意拿补助款去换一辆马达小、油耗低的车(Hoekstra,Puller and West,2017)。

对于政策实施过程中可能遇到的问题,包括人们可能会对政策作出哪些行为反应,经济政策分析师几乎是充耳不闻。政策分析不只需要考虑市场失灵的现象,也应该充分考虑政府失灵的风险。

第二点是经济学与政治学的广义互动。在某一层面上,政治压力常常使得经济学家在惴惴不安时佯装镇定。同时,对那些能切实加强确定性、却不好言说的做法又过于谦虚谨慎。在更深的层面上,经济学的专业技术与民主正当性之间存在一种张力。希腊及意大利的金融危机,以及包括脱欧后的英国在内的其他国家发生的金融危机,都进一步凸显了这种张力,民粹主义和专家政治就像是一山不能容二虎。现在,经济学家真的应该开始认真思考政策经济学中的政治经济问题了。

首先需要强调的是,经济学对政策制定具有根本性的作用。虽然这方面的优势不总是显而易见,但确实是无处不在。不过我想明确一下,为什么经济学应该位于公共政策制定的核心地位。

经济学对政策制定最根本的贡献之一是"机会成本"这一概念。机会成本实质上是一种物理意义,时间一去不复返,将资源投入某一项活动就意味着不可能再把这些资源投入其他活动。经济学就是研究不同选择的学科。不过,机会成本在政治舞台上很不受待见。选民想要鱼与熊掌兼得,政客又吸纳了这种想法。所以,政客或许不太喜欢经济学家,却又离不开经济学家。

另一个贡献是成本收益分析。英国有一套完整的运作方法,将如何进行成本收益分析写在一份执行手册中,叫作"绿皮书"(the Green Book)[①]。在美国,里根推出了一套关于如何进行成本收益分析的规则,还颁布了许多新的法律法规,不过特朗普对使用这些规则的意愿并不强(Shapiro,2020)。成本收益分析要求对具体政策可能导致的所有结果进行列举及衡量,先将可衡量的

---

① 该方法记录在美国财政部绿皮书档案中,http://www.hm-treasury.gov.uk/data_greenbook_index.htm.

项目转化成货币形式,再权衡其成本与收益。这种分析方法给充满假设的情景穿上了精确的外衣,虽然指导文件确定了这种方法,在实际工作中却常常被忽视。这种方式将更多特权赋予了那些可以被直接测量、直接货币化的事物。包括我(Coyle and Sensier,2020)和Hausman(2012)在内的许多经济学家都对成本收益分析的具体实施办法提出过批评。不过,将不同决定所涉及的成本与收益明确、清晰地表示出来,并使用某些系统框架进行评估,的确是更理想的做法。如果不能明确表示,必然出现含糊的判断,就像我们在日常生活中面临的决定一样。

政府经济学家罗纳德·科斯(Ronald Coase)指出,对政策进行成本收益分析时,必须将政策行为成本也纳入考量。这也是他研究问题的一部分。

很显然,如果政府与企业进行同样的活动,政府拥有的权力也许能让其以更低成本进行活动……但是政府这台行政机器本身的运作并不是零成本行为,有时还会涉及相当高昂的成本。除此之外,我们也没有理由相信,由一个容易犯错的行政部门在没有任何竞争性检查下制定的限制性……法规,一定就能够提高经济体系的运行效率。(Coase,1960)

科斯还写道:"所有的解决方案都有成本。"政策法规在解决一个问题的同时有可能会造成其他问题，在进行评估时也要把这些可能造成的影响考虑在内。科斯认为，经济学家习惯性地只负责解决具体情况下的具体问题，不考虑该解决方法可能会改变其他行为，这才导致了许多"政府失灵"的现象。他还描述了一种"松散的思维"，其原因是未能将一个特定的行动方案与一个明确的替代方案进行比较——通常是维持现状或什么都不做的选择。

我在白厅决策部门先后担任过政府经济师、各政策委员会及监管单位成员，这些工作经验让我看到，决策部门的初衷总是好的，但往往因为以上原因导致决策结果不尽如人意。即便如此，还是需要一个系统性的框架列明每个决定的利弊，同时分清哪些利弊有证据支撑，哪些涉及价值判断。[①] 以上提及的两种概念，即行动方案的机会成本以及需要系统性权衡利弊，足以说明为什么经济学能在政府享有特权。经济学使得政策选择变成一门学科，然而，经济学对于政策分析的独特贡献绝不止这些基本概念。而且，由于数据可得性增加、计算机功能日益提升，分析数据的方法越来越完善，经济学的贡献还在不断提升。应用微观经济学能够给政策制定提供一个强有力的视角，触及经济及社会政策的方方面面。

---

① 公共价值的概念提供了另一种更能进行明确价值判断的方法。它实质上也是一种成本收益分析，同时考虑到比较不相称及无法称量的变量时所涉及的难度。（Coyle and Woolard，2009）

第一章 经济学家的社会责任

在市场运作中应用经济分析的例子比比皆是。交通经济学就常常被应用在政策制定领域。丹尼尔·麦克法登（Daniel McFadden）发明了可以预测乘客需求的计量经济学方法，因此获得了2000年诺贝尔经济学奖，这种方法应用在旧金山湾区公交系统（BART），早已成为经典案例（McFadden，1974）。经济学家还提出了道路定价机制和征收交通拥挤费。早在共享出行出现以前，许多地方的出租车常常供不应求，因为要想拿到新的出租车许可证（也叫车牌）非常困难。当时出租车许可证是一种价值很高的资产，已经持有许可证的人非常反对发放新的许可证，无论市场怎样供不应求。于是，对车费进行监管势在必行，否则出租车车主和司机就会收取高昂的垄断性车费。于是经济学家基于经济学分析，提出了一个巧妙的解决办法，也就是1997年的旨在提升都柏林出租车市场状况的提议书，具体做法是向出租车许可证持有人发放第二张许可证，并且允许他们将第二张许可证出售。这样，许可证持有人至少能得到一些短期补偿，弥补他们因为财产被稀释而承受的损失（Fingleton，Evans and Hogan，1998）。

其他以市场分析为基础的政策领域还包括产业监管和竞争政策。在这些领域工作的经济学家比任何人都清楚，竞争性"自由"市场假说和理性选择假说不可能成立，于是他们在工作中借鉴了多年来分析偏离竞争的经验，以及应用于消费者选择的行为经济学研究文献，这个领域的研究相对较新，且数量还在不断增加。那么，竞争监管机构为什么越来越重视行为经济学？鲁弗斯·波洛克（Rufus Pollock）举了一个绝妙的例子来解释原因。他研究了为什么英国在2003年放宽目录查询管制后并没有达成鼓励竞争的目的。他发现，消费者面对一系列不熟悉的号码，在处理能力有限的情况下只会被一个最容易记住的号码吸引（这个号码是118118），并且这个企业还非常聪明地选用了一对双胞胎来进行广告营销。一些公司花大价钱买进了许多自以为好记的优势号码，但由于对消费者行为判断失误，也犯了跟政府同样的错误；比如，他们以为以"000"结尾的号码更便于记忆。在这个竞争更为激烈的市场中，集中出现了相当戏剧性的现象，标准的消费者理论在这个领域用处不大（Pollock，2009）。

这些事件的结果表明，在公共领域、竞争保护及产业监管等部门工作的经济学家，对行为经济学的研究成果更加如饥似渴。

这方面的例子数不胜数。2000年，聪明的经济学家设计实施了一项3G频谱权竞标，为英国政府获得225亿英镑收入，占当年GDP总量的2.5%（Binmore and Klemperer，2002）；美国联邦通信委员会（US Federal Communications Commission）从20世纪90年代中起开始进行频谱招标，获得了数百亿美元的收入；在教育、医疗、服务、住房、养老金等各个领域，应用经济学分析也是行业监管部门、智库及学界制定公共政策必不可少的日常工作。应用经济学分析方法正在不断改善,原因包括新的数据更易取得、随机控制实验等方法创新(这种方法最早用来评估在发展中国家进行的援助项目,现在正越来越广泛地运用于评估西方国家的国内政策),以及经济计量方法不断提高。相较之下,经济增长预测及政府预算解读等更受大众关注的经济学领域,只是应用经济学的冰山一角,而这个"冰山"每天还在积累和扩大。这个领域的工作不断完善公共政策制定过程,通过实证研究分析政策可能引起的效果,将政策制定与实证研究稳稳地结合在一起。

不过,基于实证研究的应用经济学不断壮大,这必然会引发争议。当证据与信念冲突时,证据不一定能胜出。这里面有一部分政治原因。正如凯恩斯曾经说过:"政府最不愿意看到的情况就是信息过多,这会使得决策过程变得更为困难和复杂。"(引自Skidelsky,1992:629)另一部分原因在于社会科学的性质,当研究对象就是人类自身时,研究是否真的能做到中立客观。

让经济学家走进经济学

经济学对社会因果关系进行的实证研究和数据研究非常独特,它在政策制定领域的作用是其他社会科学无法替代的,不过,其他社会科学可以起到很好的补充作用。它们可以进行更多定量实证研究，而经济学也可以进一步借鉴其他学科的定性研究方法。然而经济学家在应用社会科学研究成果时需要注意一个悖论，这个悖论随着学科有效性加强而变得更加突出，那就是经济学家的经济观点不仅能够描述现实世界，还可以塑造现实世界。由于经济学建议在政治过程及政策分析中扮演着重要角色，它正以非常直接而且系统的方式塑造着现实世界。虽然更多的是带来了积极显著的成效，但经济学家通常采用的是客观中立的局外人视角，善意、理智甚至无所不知，他们往往没有意识到，事实上他们也处于或者说应该处于其建模的现实世界中；他们也没有意识到这样的立场会造成什么影响。就像科斯所说，我们需要把自己也放在手中的天平上，这样才能真正衡量政策干预的成本与收益。现在，越来越多的机构（比如央行和各监管机构）是由经济学家基于经济分析运行的，在这样的背景下，以上问题不容忽视。也正是由于这个原因，现在已经有一些评论开始反对20世纪90年代和21世纪初将央行及行业监管机构分离的做法，例如保罗·塔克（Paul Tucker）认为，经济学家应该承认，这些机构作出的决定不是基于专业技术分析，而是政治与价值观（Tucker，2019）。

经济学家往往想当然地认为经济模型就是有用的工具。我们假设这些模型是"真实"的，是因为它们与现实世界的关键特征并没有系统性冲突，然而事实上这些模式在描述现实世界方面与真实相去甚远。这就像伦敦地铁线路图，搭乘地铁时它是一份很不错的指南，但如果靠它来了解伦敦的地理位置就行不通。正如约翰·萨顿（John Sutton）所说，经济学家所接受的专业训练让我们迅速习惯了通过抽象思考来关注重点特征，所以我们无法理解批评家所说的真实世界复杂而混乱，用不上我们的分析方法（Sutton，2000）。同样，批评家也没有理解，经济学家并没有把模型视为真实世界，而是把它们视为一种思维实验，目的是为我们所分析的复杂世界做架构。然而当我们在使用这些工具时，我们确实习惯性地站在善意的、上帝的视角，俯视下方发生的一切，不被地上的人类看到，但能影响他们的行为。这种视角会塑造人们的行为，进而改变经济现实，有时也会导致危险。进行政策干预分析时的一个关键问题，在于容易忽视人们可能会对政策做出什么回应，而这些回应又会改变分析对象。从小规模来看，这方面的例子包括风险补偿，即通过法规让某方面更安全的同时却使得其他方面的风险增加，因而整体风险程度不变（Hedlund，2000），也包括激励措施导致意料之外的问题，比如旧车换现金计划。即使是应该考虑到心理学的"行为"政策，也很容易走入假设情况不变的误区，比如道路上设置的"助推"工具是否真的能提升道路安全性？我们并不清楚，当这些干预措施过了新鲜期，人们的行为会不会回到从前的模式。从大规模来看，这种站在模型之外自上而下俯视的立场有可能导致负面结果。詹姆斯·斯科特（James Scott）将这种立场称为"高度现代主义"，他列出了许多政策合理却适得其反的例子，例如城市规划限制措施导致当地经济活力降低，以及农业补贴政策导致生物多样性受损，最终导致作物减产（Scott，1998）。

鉴于经济学在政府决策过程中扮演的重要制度性角色，政策制定的自我指涉特征显得尤为重要。近年来，学界越发意识到制度对经济成功的重要性。2009年，埃莉诺·奥斯特罗姆（Elinor Ostrom）和奥利弗·威廉姆森（Oliver E. Williamson）因其在制度经济学方面做出的贡献共同荣获诺贝尔经济学奖。最近发展经济学也越来越强调对健全政治制度的需求，包括法制以及具有包容性的制度，这样才能促进企业成功发展，使得更多企业能够成为精英企业（Besley and Persson，2012；Acemoglu and Robinson，2012）。制度经济学出现时间较晚，它起源于公共选择学派（the public choice school），强调激励机制在政治、政府以及单纯经济决定中扮演的角色。曼瑟·奥尔森（Mancur Olson）提出，经济能否成功取决于政府能否抵制住特殊利益团体进行的寻租活动（rent-seeking activity）。这些特殊利益集团包括同业联盟、贸易组织、工会、专业组织等限制性招收特定成员的组织，它们会努力说服政客制定对其成员有利的政策。虽然这些政策往往对社会其他人不利，不过"其他人"却没有得到任何激励或奖励进行同样的政策游说（Olsen，1982）。阿马蒂亚·森

(Amartya Sen)在其研究中将饥荒的出现与民主声音的消失联系在一起,有力地证明了良政对实现经济良好运行的重要性(Sen,1982)。他认为,实现经济发展必须具备的条件之一就是公众参政(Sen,2009)。

经济学家非常清楚理解制度的重要性,同时也认为自己参与政策机构的工作有助于抑制寻租行为。政府内部有许多以经济学家为核心的部门。除了央行及竞争监管机构等独立机构,经济学家还可以通过提供专家报告的形式参与政府工作。政府经常委任经济学家针对证据提供独立客观的评估,并给出政策方面的建议。这种方式已经使用了几十年,例子数不胜数,涵盖了许多具有争议的领域,如金融、住房、养老、税制等。委任高级经济学家撰写报告的原因在于专家报告具有权威性,当政府做出一些不那么受欢迎的决策时,这种权威性能提供一层保护,毕竟所有的政策都会出现几家欢乐几家愁的局面。不过,并不是所有的专家报告都能直接转化成政策决定,因为专家们精心准备的几百页分析材料与特殊利益团体的游说相比,还是少了一些政治筹码。虽然这样必然会干扰政府内部的经济分析,不过利益团体的力量实在是难以撼动。

虽然专家报告在利益团体的游说下有可能变成一纸空文,但在某些制度领域,经济分析确实可以成为抑制寻租行为的有力工具。在英国,皇家委员会(Royal Commissions)曾经能授权政府针对特殊利益团体进行立法，不过现在已经不再使用这种机制。相比之下，经济监管机构数量不断增加，并且得到了法律的赋权，可以根据公共利益或消费者利益做出独立于政治过程的决定。另外，还设置了行业监管机构对私有产业或水电等民生基本服务进行监督，以保障消费者的权益，不过，有大量研究监管行为的经济学文献都曾警告过"监管俘获"（regulatory capture）的危险，2008年以前的金融监管机制就是一个很好的例子。另外，独立的竞争监管机构确实在抑制特殊利益团体方面成效显著，尽管法律也规定了在某些特殊情况下，还是得由政府最后拍板。这些为政府保留的权力包括国防，还包括媒体与银行，这是为了在发生金融危机的时候，政府能够以紧急措施下达比竞争监管机构更为有效的行政命令。要想完全阻止政治力量对重点行业进行监管，几乎是不可能的事情。

将决策权从政客手中拿走，还有利于应对另一个常见问题，即政府信誉。政治过程不仅容易沦为特殊利益团体的俘虏，也很容易被急功近利者和短视主义者绑架。在这种情况下，要想客观地为公共利益做决定，其障碍不在于特殊利益团体，而在于一种"只顾眼前、不管明天"的理念。比如说，我今天想吃巧克力的欲望常常会大过明天腰围变细的愿望。政客也一样，他们也会受到诱惑，为了能马上提高经济增速而降低利率，即使知道这样做有可能导致通货膨胀。由于短期诱惑实在太大，即使政府承诺从长远考虑，人民也不太相信。但是，独立的央行就不需要承受这样的短期压力，它可以根据长期经济发展目标来设置自己的组织结构，限制聘任期限等。央行的独立性已经成为民主社会的一个基本共识，不过也有人认为这种独立性正遭到破坏，主要原因是政府采取的量化宽松政策要求央行购买大量政府公债。英国预算责任办公室（Office for Budget Responsibility）是一个最近才成立的政府部门，旨在解决金融政策的信誉问题。其他国家也有类似单位，比如美国的国会预算办公室（Congressional Budget Office）和荷兰的中央管理局（Central Planning Bureau，现已改称为经济政策分析局，Bureau for Economic Policy Analysis）等，这些部门都负责对政党的政策进行评估。

专家治国的困境

由独立机构中非选举产生的官员应用经济分析来进行行政管理，或许能够在特定知识框架内以更客观的方式提出政策建议。当然，这些独立经济机构的事务官员缺乏民选政客及官员的民主合法性，政客是他们的顶头上司，可以随时解除他们的职务。社会学家丹尼尔·贝尔（Daniel Bell）早在1973年就发现，大众传媒时代民主世界内的民粹主义日益高涨，与此同时，运行现代经济又越来越倚赖专家的专业技术，这两者之间形成了一种政治断层。贝尔在《后工业社会的到来》(*The Coming of Post-Industrial Society*)一书中预测到,像经济学家这样的技术专家未来将成为"新社会的领袖",他们要么与政客结盟,要么与政客竞争。

全球金融危机发生后,随着经济学家及前欧洲央行副行长卢卡斯·帕帕季莫斯(Lucas Papademos)成为希腊总理、经济学家及前欧盟委员马里奥·蒙蒂(Mario Monti)成为意大利总理,这种紧张关系逐渐变得一触即发。两人都经由各自国家的国会选为总理,不过在欧盟及国际货币基金组织领导人的坚持下,他们的主要任务在于实施"结构性改革"。结构性改革是一个经济学术语,意思是为了推翻代表某种利益的制度所进行的政策变化,比如改变导致雇用年轻人成本过高的劳动力市场结构。因此,结构性改革本质上就是政治改革,因为它将导致社会中某些群体的利益与其他群体利益对立。尽管希腊和意大利的经济问题与大部分欧盟区国家的情况大相径庭,但人们普遍认为,由于两国内偏袒某些团体利益的监管力度不断加大,导致竞争、创新、经济增长及全民利益受损,进而对两国经济造成破坏。2012 年,这两个由专家治国的政府都导致了人民的不满,示威活动不断。

从那以后的几年内,专家与民粹主义之间的紧张关系愈发加剧,但原因并不是专家正确、民众错误。复杂的现代经济确实需要专业知识来制定政策,但这些政策对许多人而言并没有为他们带来实实在在的利益。回顾一下自新冠肺炎疫情暴发之后,经济衰退加剧，严重不平等问题日益暴露，因此很难说全球金融危机后的经济政策给大众带来了切实的利益（Algan et al.，2017；Rodrik，2018）。

这种紧张关系在针对出租车市场放宽管制的"结构性改革"中暴露得非常明显。在优步（Uber）打乱了众多城市出租车市场之前，出租车司机是最常提出抗议的利益团体之一。例如，希腊的出租车司机从2011年7月开始定期组织罢工，加上2012年4月要进行大选，导致出租车行业自由化法案逐渐在议会讨论中不了了之，而这正是救助希腊政府的银行要求进行的改革之一。而在意大利，2005年，经济学家弗朗西斯科·吉瓦茨（Francesco Giavazzi）因在报纸专栏上发表了一篇呼吁市场改革的文章，照片被米兰出租车司机传阅，全体司机对他拒载，甚至聚集在他家门外彻夜鸣笛，持续了五个晚上（Segal，2012）。2012年，蒙蒂总理勇敢地再次尝试进行改革，依然遭到了出租车司机的抵制。当时《金融时报》报道称：

> 罗马的出租车司机是对自由化最激烈的反对者，他们被认为在2008年罗马市长詹尼·阿莱曼诺（Gianni Alemanno）的当选中起到了重要作用，这是意大利首都自"二战"以来首个当选的右翼市长。对于蒙蒂总理提出的开放区域内经营限制的改革（比如允许外地出租车司机在罗马市内经营），罗马人民普遍表示欢

迎，却遭到阿莱曼诺市长的强烈反对。

意大利出租车司机工会的托斯卡纳区主席克劳迪奥·朱蒂奇（Claudio Giudici）为抵制自由化改革进行了辩护，他认为这种抵制是"为了避免意大利从共和走向寡头所进行的实质性民主抵抗中的竭诚努力"。（Dinmore，2012）

朱蒂奇主席敏锐地察觉到这次事件中存在的矛盾，不过他对矛盾的解读恐怕有待商榷。民主制度向特殊利益团体敞开了大门，让它们能够为了争取自身利益进行游说。而相较民选政客，技术专家官员以及高级经济学家在促进市场竞争和经济增长方面更有能力。然而就像下文所述，由经济学家治理的政府依然是高度政治化的政府。经济学家善意客观的分析视角虽然有利于根据公共利益制定政策，但这种视角恐怕无法从象牙塔走向街道，甚至都到不了监管单位办公楼里寂静阴暗的走廊。经济学家在谈到结构性改革等政策时常说："如果政客愿意实施就好了。"但如果一项政策在政治上不可行，那么这项政策背后的经济分析从根本上就有瑕疵。许多人认为经济学家天然就倾向市场，但许多从事政策分析工作的经济学家却不认为自己带有明显的意识形态，这就使得问题更加复杂。

重新发现政治经济学

来自政界的直接需求使得政策经济学的政治性被进一步强化。政客有需求，一些经济学家也很乐意提供帮助。这可能也刚好与他们本身的政治观念相符，比如有少数英国经济学家就公开倡议英国脱欧。同时，被手握大权的人征求意见也确实让人受宠若惊。更重要的是，现在申请研究经费时会被要求研究必须具有"影响力"，而评估影响力的一个重要的指标就是学者与决策层之间进行的互动。咨询公司和投资银行的经济学家在政策辩论中的表现引人注目，随之而来的曝光度和关注度也让他们的雇主非常满意。于是，影响力有了，公众的目光也被吸引了，但这一切都是通过发表过于自信的言论和极端的观点才得以实现，而不是对复杂的局面进行虚心、细致的分析。

这样迫切想满足市场需求的心情使得公共政策经济学很容易被学术流行趋势左右。举两个不同时期的例子，第一个例子是"幸福"经济学。虽然现在已有充足的实证研究成果证明，收入超过一定水平后，人们的幸福感就不再与收入存在相关性，但并不能从中推导出不需要提高收入的结论，因为也有研究发现，高收入者相较低收入者普遍感到更幸福，并且收入增加也与幸福感增强有关联（Stevenson and Wolfers，2008）。在经济学界，研究人员已经把关注点转向了能让人们感到幸福的心理驱动因素，这些因素涉及跨学科研究，内容面更广，也更微妙。尽管如此，关于幸福的经济学研究在公共领域依然有很强的生命力，被那些不信任经济学、认为经济学只关心钱和利润的人紧紧抓在手中不放。

第二个例子发生的年代略为久远。20世纪70年代末到80年代初，古典货币主义复兴，理性预期理论得到了发展，在经济学界掀起了研究"实际经济周期"（real business cycle）的潮流，意思是只有技术发展等供给冲击才是影响经济周期的原因。我读研究生时也曾受到这种流行趋势的影响。之后由于一些原因，我的研究趋势转向了宏观经济学的"微观基础"，以及短期内经济（比喻性）总供给曲线垂直的观点，意思是需求增加时不可能快速增加产出。这些原因主要源于70年代惨淡的经济表现，它们验证了上一代宏观经济学理论的破灭，导致了货币政策主义的产生。从此，宏观经济学政策的关注重点发生了变化，开始变得只关注特定货币总量的增长速度。原则上，以货币增长来指导货币政策确实有道理；但实际上，政治的现实情况却把这种方法变成了对实现货币增长目标的痴迷。而实际上这些目标根本不可能实现，因为在政府采取行动限制货币增长的影响下，对金融市场放宽管理以及新交易技术的发展也在同时发生。这意味着货币增长与经济体之间的关系发生了改变，改变规模却无法得知，于是，货币的流通速度变得更快。放宽金融管制以及技术创新的结果是对货币供应的衡量及其增速所涉及的经济意义变得模糊。

除此之外，使用政策杠杆将增加特定货币总量设为目标的做法也会导致人们的行为发生变化，使得货币总量与政策目的失去联系。这种情况就是古德哈特定律（Goodhart's Law），意思是指将变量变成目标时，关键信息便会消失，使得这个变量不再能成为有效的政策指标。查尔斯·古德哈特（Charles Goodhart）解释道："对任何能够观察到的统计规律性，一旦人们出于控制的目的向它施加压力，它就会走向失败。"（Goodhart，1975）这也是前文所提到的经济学具有反身性的例子。

尽管如此，当时的政府依然坚持将货币增长作为目标，而且这一情况持续了很多年。1985—1986年，我还是财政部一名非常初级的经济师，当时我的日常工作之一就是建构各种各样的货币总量，并计算出最低的增长率。找到增长较低的新方法后（当时在我的计算机程序里将其称为PSLX），会将它写进下一年度政府财政预算，作为官方目标。之后，古德哈特定律再次生效，在这个数字成为官方政策目标后（此时已改名为PSL2），增长就加快了。

这件往事说明了经济学界的学术趋势在经过政治过程的折射后，有时会导致一些观念成为占据政策世界的主流观念，久久不散，即使学术的车轮已经远去。当然，这其中也有一些经济学者带有个人意识形态的目标，如果他们能力足够强大，也会对政策造成相应影响。

最后,当这些观念进入了政策和政治领域,它们就会形成一种有生命的制度。人们会围绕这些观念开展工作,申请资金,收集统计数据,召开月度会议,听取记者简报。完成这一系列动作后,再要取消政策就会显得尴尬且被动,更何况政治对手和媒体也不会善罢甘休。政府对这种180度的急转弯自然望而生畏。

经济学和政治密不可分,这在宏观经济政策方面表现得最为直接。宏观经济学占据上风的时间并不长,也就是2000年之后几年间的事情。宏观经济学家对经济应该如何运行、如何通过财政和货币政策进行管理的认识惊人的一致,这被称为"新古典综合派"(New Neoclassical Synthesis)。人们认为这种情况随后带来了一段"大缓和"时期,也就是超过十年的低通胀和稳定增长时期。后来的事实证明,人们大大低估了运气在"大缓和"出现过程中的作用。很少有宏观经济学家愿意承认2008年全球金融危机对宏观经济学造成了极大的破坏,不过这也不奇怪。另外,全球金融危机发生后人们呼吁经济学家表现得更为谦逊,但有些宏观经济学家却对这一呼声置若罔闻,在媒体和博客中对财政及货币政策展开了激烈的辩论,这被称为"咸水"(美国东海岸的哈佛大学等经济院系)和"淡水"(密歇根湖畔的芝加哥大学)之争。2010年后,这种支持紧缩派和反对紧缩派之间的争论,与20世纪70年代末凯恩斯主义与货币主义的争论有着惊人的相似之处,当时的社会经济同样危机四伏,我也是在那个时候开始学习经济学的。那么,西方国家政府究竟应该实行预算紧缩措施还是凯恩斯主义的刺激措施?目前的经济衰退与非银行危机导致的经济衰退是否属于不同类型的衰退?是否还应该继续深化量化宽松政策?这些问题在宏观经济学文献中可以找到不止一种答案。

宏观经济学内部观点分歧巨大,而且在社交媒体及博客中激烈地表达、枯燥地陈述,说明经济学离硬科学(hard science)还相去甚远,显然也不可能真正分出对错。还有一点也很清楚,宏观经济学家对宏观经济政策的看法往往能很准确地预测他们的政治观点,反之亦然。我不确定究竟能否使用常规计量经济学的方法来回答今天宏观经济学中的所有关键问题,因为在现代经济错综复杂而且高度动态的环境中,要确定因果关系极其困难。从功能而言,历史和经济学一样重要,它有助于厘清因果关系、找到政策机会。

跟我聊过以上观点的宏观经济学家坚决不同意我的看法。他们搬出了一些具体的宏观经济模型,这些模型在理论上没有受到质疑,甚至得到了实证研究的确认。他们认为,宏观经济学在全球金融危机发生后给出了很好的建议,使全球免于再次经历大萧条。传统的国际宏观经济模型确实可以对 2012 年欧元区危机的起源作出解释,事实上许多宏观经济学家在欧元推出之前就预测到此举不可行，包括英国财政部的经济学家。2008 年以来的宏观经济政策没有出现 20 世纪 30 年代的政策错误，这进一步说明宏观经济学的确取得了进步。许多宏观经济学家认为，通过增加金融中介和不完全竞争等因素，危机前模型（pre-crisis model）已经相当完善。不可否认，自 2008—2009 年金融危机以来，宏观经济学方面确实产生了大量成效显著的研究成果。

但在我看来，这些成果并没有从根本上改变现状，宏观经济学对整个经济应该如何运作，以及什么样的政策能够促进经济运作，这两点仍然无法达成共识。保罗·克鲁格曼（Paul Krugman）是经济学论战艺术的大师，他在一篇非常著名的文章中形象地描述了这种分裂。他在文章中这样形容美国顶尖学者：

> 危机发生后，经济学界出现了前所未有的大断层。罗伯特·卢卡斯（Robert Lucas）认为奥巴马政府的经济刺激计划是"垃圾经济学"，他在芝加哥的同行约翰·科克伦（John Cochrane）认为这些计划的制定依据都只是不牢靠的"童话故事"。作为回应，加州大学伯克利分校的布拉德·德隆（Brad DeLong）在文章中指出芝加哥学派"智力崩溃"，而我自己也写道，芝加哥经济学家的评论是宏观经济学黑暗时代的产物，因为他们已经将来之不易的知识遗忘。（Krugman，2006）

这样的论战结果实在令人感慨。西蒙·雷恩路易斯（Simon Wren-Lewis）指出，宏观经济学家是在为各自的"思想流派"而战，而不是针对事实本身的是非曲直。他还表示："我也很怀念新古典综合派。我希望能看到求同存异，看到不同的想法在一个共同框架内各自独立存在。综合派让我感到宏观经济学开始变得像一门统一学科的样子，就像微观经济学。而且我敢说，这样才更像一门科学，而不是一个信仰体系。"（Wren-Lewis，2012b）不过从2012年到新冠肺炎疫情期间，这种情况是否有所改变？关于"现代货币理论"的争议一直很激烈，在我这个宏观经济学的局外人看来，这似乎是凯恩斯主义与货币主义以及咸水淡水之争的延续。对于这次疫情带来的危机应该采用哪种正确的财政和货币政策，大多数人都有自己的看法，但这些意见都没有把我说服，这点我将在第二章继续讨论。

宏观经济学不仅是许多人眼中所有经济学家的工作领域（这是一种错误的认识），也确实是政策经济学家实际工作的一个重要部分。大多数宏观经济学家要么为政府部门和中央银行工作，要么在金融市场工作。这些工作也必然涉及对不久的将来进行一些合理假设，并在此基础上开展工作，这也叫作预测，不过将其称为"条件性预测"会更准确。人们经常把这种工作比喻成天气预报，这也是一门不精确的科学。在正确理解气候的分析框架方面出现过激烈争论，但进行预测对于日常生活规划而言又至关重要。虽然人们普遍理解天气预报涉及的不确定性，但却往往错误地认为经济预报应该更可靠，这主要是由于一些经济学家在谈论经济时态度过于自信。宏观经济预测者应更明确地说明预测工作涉及的不确定性，许多人也确实是这样做的，这就像记者在进行报道时应当说明事件所涉及不确定因素，不过能这样做的记者反而较少。类似这样的群体思维使得在21世纪头几年，许多经济学家无法看清当时经济存在的前兆风险，比如账户失衡持续出现和债务不断积累，或是看到了危险却没有与外界进行有效沟通。这方面我们还可以从中吸取许多其他教训，包括需要更加关注经济历史和制度现实，比如20世纪90年代和21世纪金融体系的变化，包括"影子银行"和高频交易增长等，以及在宏观经济学实践中深化推动多元性。

不过，政治观点与经济结论互相渗透的现象不仅仅只出现在宏观经济学。经济学目前还有很多未知领域，至少目前还不清楚，对这种情况需要严谨措辞、谨慎表达，但政治可容不下谨小慎微。即使对某些实证研究结果已经达成专业共识，对结果的解读和启示也会引起争议，特别是当某个政党提出了某个具体的政策纲领时。这方面的一个例子，是研究在英国国家卫生服务中引入市场竞争会对全民健康造成什么样的影响。现在已有三个大型研究得出了一致的证据，表明在医疗服务方面某些形式的竞争具有积极效果（当然也有风险警告，例如先进入市场的服务机构可能会挑拣最容易治疗的病人,以及对价格而非质量竞争支持不足)。这个结论对《柳叶刀》的编辑而言完全不能接受,于是他们发表了一篇文章,由医学研究人员针对经济学家进行人身攻击,而经济学家只能被动地在该杂志上进行回应(Bloom et al., 2011)。尽管严谨翔实的实证研究将继续扩大,但基于专业知识达成的客观共识和没有依据的主观臆测之间的边界依然模糊,因为主观推测必然会受到政治观念的影响。

经济学家和非经济学家对一些基本经济问题抱有不同的既有观念,这一事实只会将具体政策领域的不和谐继续扩大。基本上,经济学家比其他人更倾向于将市场力量视为改善公共利益的机制,更倾向接受自由贸易等观念,这也许是由于他们本身的信念驱使他们选择了一个更有吸引力的学科,也可能是由于他们接受的经济学教育所进行的思维塑造。大卫·亨德森(David Henderson)在1985年的BBC雷斯讲座(Reith Lectures)中强烈抨击了"DIY经济学"[①](DIY Economics),意思是那些外行人看来是常识而经济学家都知道不属实的观念。其中一个例子是外贸,大众的常识观点是出口好进口坏,但对经济学家而言情况恰恰相反,无论出口或进口,出现严重且持久的贸易顺差或贸易逆差都会出现问题。另一个反常识的例子是比较优势的概念:跟大

---

① 参见 www.bbc.co.uk/programmes/p00gqlcr/episodes/player,浏览于2012年4月17日。

众认知相反，基于比较优势的专业分工能给两个国家都带来巨大收益，也能减少动荡，带来稳定。无论是国内还是国际间的专业分工和贸易交流，它们都是过去250年间实现经济转型和增长的动力来源，也是全球供应链的驱动力，而全球供应链现在正由于危机期间的复原力问题和国家优势而受到攻击。另外，大众认知也很难接受，其实不存在一个经济体中只能提供固定工作岗位数量，这与劳动力人口本身无关，这就是"劳动总量谬误"；大众也很难理解为什么允许一些企业倒闭会利于经济增长。应用经济学在收集证据和讨论政策方面有一种很实际的共同语言，但涉及实证方法的细节或是进行证据解读时却有分歧。这就是典型的科学工作，但如果最后的研究结果不符合非专业人士或政客的既有观念，他们就不会喜欢这些结果。

另外，经济学家对许多尚未确定的内容却大张旗鼓。有些经济学家没有参与进行扩充实证研究的具体工作，在评论公共政策时可以说是纸上谈兵。不难想象，这些人在义正词严地提出主张后要回头确实不容易；而且提出主张时越自信，要退后就越困难。某些政策之所以能够长期存在（可以说远远超过了使用期限），一个原因就在于政客及其顾问很难在媒体尖锐的民主社会中进行180度的掉头。如果我们经济学家也加入这种打嘴炮的行列，我们就会对这种现状推波助澜，使得政治政策过程更加难以掉头，难以根据不断出现的新证据和经济知识进行调整。然而，经济学、政治与媒体之间的互动也意味着政策经济学家经常在他们最不确定的时候表达确定,而那些不确定的领域往往是经济学中分歧最大、最缺乏严谨且一致的实证证据作为基础的领域。对那些在非政府机构工作、试图影响政策的经济学家来说,这种情况也许更常见。智库工作人员和媒体评论员特别容易陷入这种绕道谦虚的陷阱,尽管全球金融危机已经向世人提供了许多教训和警告。

然而,政府内部和学界的经济学家对那些能够自信表态的政策领域又显得过于谦虚谨慎。有些人这样做是有意而为之,特别是需要驳斥白厅周围那些时下流行的政策或挥之不去的观念时,很少有经济学家愿意自己跳进公共辩论的深渊,周围还站满虎视眈眈的猎人。这完全可以理解,因为在政治的世界,严谨细致无法存活。来自媒体、互联网和政界的评论和回应有可能把人生吞活剥。更糟糕的是,对一些学术研究人员来说,他们的研究成果可能会被用来达到某些政治目的。当选的政府有权对专家意见置之不理,不过在过去几十年间,政府也通过建立一些独立运作的经济机构来限制这种权力。

但我坚信,经济学家能够、也应该发挥更大的作用,向公众解释不同选择所涉及的后果。我们这一行的工作性质必然需要重复一些刺耳的事实,比如贸易的优点和市场竞争的重要性,而不是政府对市场的控制,但在我们有信心已经掌握的领域,却对不中听的事实保持沉默。我个人认为这种做法很不合理。我认为下场参与到辩论中才是关键。现在人们已经对经济学走近大众产生了新的兴趣,不过在我看来,进行沟通时我们需要与公众进行平等的对话,而不是高高在上地给他们讲课。

经济学家的社会责任

经济学在公共政策领域的作用极其重要、必不可少,它有今天的地位当之无愧。参与政策研究的大多数经济学家都是实用主义者,他们使用一套数据和工具来发现政策方面可以持续进行的改进。经济学家现在仍然认为市场是资源分配的最佳手段,尽管它并不完美。我们也依然认为,人们会根据自身利益作出或多或少合理的评估,并在此基础上对激励政策做出回应,这个假设也依然成立。这些观念不仅仅是单纯的信仰,而是越发建立在证据和经验基础上的发现。选择从事应用政策经济学的人往往有一种强烈的内在使命感,希望自己的工作能有助于解决社会弊病,比如贫困、失业和无知等问题。在意识形态方面,完全反对进行政府干预的经济学家数量微乎其微,即使有,也往往来自严重分裂的美国。

经济学家通过坚持考虑机会成本、成本和收益的平衡等问题,以及人们对激励政策可能作出的反应,为政策制定提供了坚实的支撑。政策机构聘请经济学家提供专家建议可以制衡强大的利益团体的游说，也可以有效限制政府的短视主义和急功近利，有利于长期投入。

政策经济学已经在许多方面证明了其自身的价值，不过也存在一些重大局限，其中最严峻的问题是，经济学家对自己在政策制定过程中扮演的政治角色和制度角色没有给予足够重视。这并不是说他们完全没有这方面的认识。在某些情况下，这方面的不足也常常是公开讨论的话题，比如承认"监管俘获"现象、时间不一致现象以及中央银行在限制"政治商业周期"方面起到的积极作用等。然而，政策经济学家并没有将这种自省和反身性思考进行到位，也没有承认他们自己就是模拟决策过程中的主体。这就不可避免地导致了在如何应用科研成果、公众将如何回应这两方面存在某种不切实际的天真。

总的来说，经济学家所肩负的社会责任可以概括为以下几点：

- 如果研究结论是基于坚实的实证研究得出，要自信勇敢；
- 同时也要保持谦虚，承认研究必然存在局限性及不确定性；
- 积极参与针对争议事件进行的公共讨论；
- 如果发表的观点是基于个人政治观点而不是实证研究，

或者支持某个公司或某种利益,有责任进行声明;
- 要与非经济学家及社会大众进行更有效的沟通,因为好的经济政策缺乏民意基础也会很难实施,而且公众对经济学了解有限。

最后我想说的是,在我们公开讨论公共政策的时候,经济学家往往在应该谦虚的地方表现得过于自信,在应该自信的地方又表现得过于谦虚。也许这些行为背后的原因是,我们下意识地希望告诉决策制定相关人士他们喜欢听到的东西。但是,如果只想讨人喜欢,也许一开始就不应该成为一名经济学家。

不过本章最主要的观点是,我们需要把自己视为社会的参与者,同时沿袭"一心为公、尽量保持中立客观"的初心。进行政策分析工作中需要这样的态度,因为这有利于避免出现"政府失灵"的例子:任何干预措施都会引起相关反应,进行分析时必须将可能出现的反应也考虑在内。但这首先需要经济学家参与到政治经济体的政策中,而不只是停留在经济学这个学科中。人们常说,这是一个民粹主义的时代,在大多数西方经济体中,由于社交媒体的影响以及经济增长不均衡,人们正在变得越发两极分化。在这样的时代,技术专家相当于政治的代理人。面对公众的抗议呼声,如果只是一味坚称自己真正为他们的利益着想,并不是很有说服力。

中场休息

我在牛津大学参加"坦纳人类价值"讲座的那一年,是非常忙碌的一年,本书第一章就是在当时讲座内容的基础上发展而来。当时我已经就第一章中谈及的问题思考了一年多的时间。同一时间,我与其他经济学家进行了一些交流,这些交流让我对一些问题产生了担忧,包括经济学家在社会和政策中的角色、我们需要更好地参与公共辩论以及本科生课程设置的问题。毕竟,无论学生们未来选择成为经济学家,或者只是根据经济政策纲领进行投票的选民,他们都曾经是我们的学生。我们现在的教学内容和教学方式是否需要对经济学的狭隘和缺乏多维视角负责?这些就是我从私下讨论中得出的初步感受。当时我在担任英国广播公司信托基金副主席的同时,还经营着一家小型咨询公司,也一直在思考:我能做些什么呢?

对此,我与英国财政部经济学家安迪·罗斯(Andy Ross)进行了沟通,他当时是英国政府经济服务处的高层官员。我建议召开一次会议,将雇用经济师的用人单位和英国各大学教授经济学的学者聚集在一起,他欣然同意。于是,由政府经济服务处和英格兰银行进行赞助，英格兰银行于2012年2月主办召开了这次会议。我们根本不用担心可容纳120人的演讲厅坐不满，报名工作很快就超额完成。这次会议不仅吸引了许多用人单位和大学老师，还吸引了许多来自不同背景的与会者参加，他们中有来自投资银行和大型公司、公共部门的应届毕业生雇主，还有来自全国各地的学者。用人单位一致表示，他们新聘请的员工在技术上非常熟练，却对近代经济史一无所知，也无法与非专业人士进行沟通。有一名与会者表示："我没指望刚毕业的学生就能炉火纯青，但也没料到他们只有半桶水。"

这次会议之所以能够吸引多名学者参会，是因为一两年前发生了大学本科学生针对课程内容进行的多次抗议活动。其中一个非常积极活跃的团体是曼彻斯特大学的后崩溃经济学会（Post-Crash Economics Society）。2014年，我在曼彻斯特大学担任管理委员会主席时就认识其中一些优秀积极的成员，他们有的是我的学生，有的和我一起共事。还有一个团体是经济学再思考小组。虽然这些抗议活动能够引起巨大关注是因为坚定的学生站在最前线，但其实在全球金融危机发生之后，已经发生了许多次针对经济学的抗议。比如成立于2010年的新经济思维研究所，在剑桥大学举行的年会上就将经济危机与经济学危机联系起来[①]；"后自

[①] 参见 www.ineteconomics.org/events/the-economic-crisis-and-the-crisis-in-economics。

闭症经济学"运动（Post-Autistic Economics Movement）甚至在全球金融危机之前就已经在法国出现①。尽管一些主流经济学家对此进行了辩护，但不可否认的是，许多经济学课程确实没有考虑到这个近年来最灾难性的经济事件，也没有在学生最关心的应用领域教授与现实世界相关的、最令人兴奋的经济学前沿研究，例如不平等与气候变化的问题。

那次英格兰银行和政府经济服务处会议的发言人之一是伦敦大学学院的温迪·卡林（Wendy Carlin），她是英国著名的宏观经济学家②。她和马萨诸塞大学阿默斯特分校的萨姆·鲍尔斯（Sam Bowles）当时已经开始共同实施一项雄心勃勃的倡议计划，他们计划打造一个全新的升级版免费网课，借此重新打造本科一年级的经济学入门课程，并说服世界各地的大学采用该课程。温迪和萨姆设计这个课程一开始是受到学生的启发，不仅是英国的学生，还有世界各地的学生，特别是智利。这个课程现在被称为"CORE"，它把理论教学作为理解现实世界经济问题的一种手段，加入了政治、权力和制度影响的内容，并提供经济思想史等历史知识，以及常用的技术工具③。在这个课程里，环境经济学、不平等问题、创新、数字竞争……这些令人振奋的研究领域没有

---

① 参见 www.paecon.net/HistoryPAE.htm。
② 所有与会文章已经集结发表，参见 Coyle (ed.) 2012。
③ 参见 www.core-econ.org/project/core-the-economy。

被塞进教科书后面永远不会翻到的最后一章。这门课程的作者包括来自世界各地的众多志愿者，我也是其中之一。截至 2019 年秋季，它已被 53 个国家的 271 所大学采用，并被翻译成多种语言。CORE 项目还为那些对经济学感兴趣的非专业人士制作了一个在线课程，并开始进入高中课堂。

来自学生的质疑以及许多同行为改进经济学课程做出的显著努力，都对经济学课程产生了广泛的影响。现在几乎没有大学还维持教学内容一成不变。在哈佛大学，由于学生的不满，长期以来教授 Ec10 入门课程的格里高利·曼昆（Gregory Mankiw）在 2019 年被新的课程负责人——杰森·弗曼（Jason Furman）和大卫·莱布森（David Laibson）取代[1]。哈佛大学还在 2019 年推出了一门新课程，名为"利用大数据解决经济及社会问题"，由拉杰·凯蒂（Raj Chetty）负责[2]，这很有可能也会影响其他大学做出类似改革。不过这些并不表示在课程改革方面已经没有进步的空间。自从我 2013 年发表了经济学公益讲座[3]之后又发生了很多变化，这些变化将在下一章进一步讨论。那段时间，我刚刚开始全身心投入到 CORE 经济学课程编写工作，同

---

[1] 参见 www.thecrimson.com/article/2019/4/4/editorial-ec-10-shifts-future。
[2] 参见 www.vox.com/the-highlight/2019/5/14/18520783/harvard-ecnomics-chetty。
[3] 参见 www.probonoeconomics.com/news/pbe-lecture-2013-diane-coyle。

时还担任皇家经济学会经济学教学指导小组的主席，因此，全球金融危机暴露出来的宏观经济学方面的缺陷在我脑海中挥之不去。

第二章

置身局外的经济学家

上一章讨论了经济学家在对政策及干预措施进行评价时采取的立场，并提出，我们时常把自己视为局外人，自上而下、中立客观地审视着人类社会，然而这并不是社会对我们的看法。这种公正的局外人立场对经济学造成了实质破坏，因为它似乎只关心自己的利益。就像加缪的名著《异乡人》中的主人公一样，人始终不可能脱离社会。经济学必须重新与社会连接，而且它也可以做到。

这里的"我们"不只包括我，也包括大量学界和实践领域的经济学家。自 2008 年以来，经济学家一直在对经济学进行重新评估，这并不令人意外。而在英国，自 2016 年以来又进行了再评估。大多数攻读经济学学位的学生最后不会成为经济学家，而是在企业或公共服务领域工作。他们的主要任务之一是评估政策变化或其他干预措施的影响。许多雇主对他们新雇用的年轻经济分析师表示担忧，认为他们思维狭窄。在全球金融危机发生后的几年里，这类抱怨不断涌现。雇主表示，要找到懂技术、能熟练使用模型的毕业生不难，但这些毕业生完全无法将所学知识应用到实践中，不具备实际数据处理技能，无法与非专业人士进行交流，不了解经济背景和近代经济史，没有学习过最新的、政策相关的经济学，尤其不了解行为经济学的研究成果。除了学生积极倡导进行课程改革，公众对经济学的兴趣也大大增加。在这个充满不确定性的时代，公众清晰展现出一种希望了解世界的热情，也能感觉到一系列事件对经济学产生了巨大冲击。这种兴趣今后可能只增不减。随着疫情影响持续，人们对探讨经济复苏的最佳办法以及国内生产总值增长是否还是良性目标的热情日益凸显。

因此，希望看到经济学发生变革，这并不是一个小众或"异类"的目标。这也不仅仅涉及改变未来课程内容或学术研究议程，还需要在公共政策和咨询机构中大范围开展影响评估工作。找到目标并不难，但实现的过程肯定不容易。虽然过去 10 年间我们已经取得了一些进展，不过前路依旧漫漫。

第一节

疯狂的方法论

经济学有一种特殊的研究方式,这种方式似乎对逻辑严谨的重视要大大超过对现实的关注,尽管现实世界总是千方百计地想要吸引经济学家的目光。假设你正在参加一个经济院系的学术研讨会,这个场合的行为惯例似乎默许同行之间用咄咄逼人的方式互动,其中一位与会者正在认真寻找他脑海中最严厉的形容词来描述他刚刚听到的论文,他最终选择了"特设性"(ad hoc)一词。用"特设性"来描述一个经济模型,相当于将其残忍地否定。

这种评价意味着什么?经济学家把模型视为方法论的核心,模型是一种通过纳入相关细节来理解世界的尝试,而好的模型是进行分析和预测的有力工具。第一章提到了一个著名的模型:由哈里·贝克(Harry Beck)最早制定的伦敦地铁线路图。这份线路图存在不少缺陷，例如，如果游客想从莱斯特广场到考文特花园，就得乘坐两部很长的手扶梯到达地下站台，在站台上等待，然后坐地铁行驶260米，到站后再乘坐电梯回到地面。这段路如果在地面步行，3分钟就到了。不过就其目的而言，线路图对伦敦地理位置的表述非常准确，对乘客来说的确是一份可靠的出行指南。合理准确的分析、简明的表述和纯粹的美感结合在一起，使这份线路图成为模型中的典范。

然而，许多经济模型甚至没有达到伦敦地铁线路图的标准。大多数情况下，模型失败的原因是过度简化导致不准确。经济学家重视逻辑、简明和美感（有时甚至超过重视现实），特别喜欢在学术论文中使用一些令人印象深刻的代数来表达逻辑。我曾被期刊编辑要求在论文中插入一些方程，但这些方程的含义与旁边的描述性文字根本没有两样。语言哲学家阿尔弗雷德·科日布斯基（Alfred Korzybski）曾警告人们不要太相信模型，他写道，"地图不等同于其所描绘的土地"（Korzybski，1933）。建模的目的应该是在两个选项中找到一个令人满意的平衡：一是只在地铁里感受伦敦，二是不加任何分析，只依赖描述性的细节找路，在不断摸索中不停犯错。这就是一种博格斯式的悖论，在这种情况下，整个地区的全貌就是唯一的地图（Borgs，1975）。

相较而言，那些更关注现实世界的经济学家使用没有"微观基础"的经验法则作为研究方法，且对行为进行个人层面的理论解释,这种研究方法往往会被同行批评为"特设性研究"。代数(也被称为"数学")在实证研究中确实必不可少,它能加强逻辑性,能通过更严谨的方式应用统计技术;但与此同时,经济学界却过分偏好用代数或微积分(实际上是逻辑表述)来表达体现微观基础的模型。经济学期刊有很多涉及大量方程式的论文,这些论文最后的结论总是能证明其在建立模型代数时的假设。保罗·罗默(Paul Romer)在数学方面并不逊色,但他也批评讨这种偏好,把它称为"数学性"(mathiness)。最重要的是,许多建立在所谓严格微观基础上的模型也可能具有特设性,只不过这种特设性不在于逻辑,而在于证据。

以博弈理论为例,这个理论被视为"经济学皇冠上最闪耀的明珠"之一。博弈理论从形式上模拟了人们在战略情况下的行为,指出一个人的选择取决于其他人的选择,而这些选择也会随着时间推移而发生变化。博弈理论的标准假设是人们会进行理性选择,即计算出最符合自身利益的选择,并假设其他人也会如此。这就是纳什均衡概念(Nash Equilibrium)。在这种情况下,没有人可以通过采取不同的行动方案做出更好的选择。博弈理论已经成功应用于各个领域,从商业战略到频谱拍卖,并取得了良好的效果。

针对博弈理论的应用,阿里尔·鲁宾斯坦(Ariel Rubinstein)通过特定的游戏进行了一个实验,实验对象包括他的学生、讲座听众以及网站调查的受访者，总共收集了 13 000 多份答卷。他的结论是，人们在生活中的实际行为不符合博弈模型的假定。相对而言，只有极少数人最终实现了博弈理论所预测的纳什均衡；更多人选择了较为"任性"的解决方案，完全没有考虑其他人可能作出什么反应。还有许多人虽然表现出了战略思维，却出现了计算错误。鲁宾斯坦指出，如果你是一个能够理性选择并且精于计算的人，那么假设其他人也会采取同样行动的结果实际上会比假设他们会任性选择更糟糕。受访者中，对博弈论本就有所了解的人更有可能选择符合纳什均衡的答案，但这并不是正确的做法，正如鲁宾斯坦所言："有一小部分学生已经内化了博弈论课程中提出的观点，从而选择了纳什均衡点，但其实这并不是明智之举。"（Rubinstein，2012：111）至少，如果他们的最终目的是赚钱的话。无论是在课堂上还是在生活中，博弈的人都可能有其他目的，在这种情况下，那些看起来不明智、不理智的选择就完全行得通了。

会出现以上情况是因为"理性"这个词含义模糊。经济学家认为理性是指"逻辑上的一致性"，普通人则认为是"合理"。丹尼尔·卡尼曼和其他认知科学家已经证明，一般情况下经济理性需要后天习得（Kahneman，2011）。史蒂文·平克（Steven Pinker）指出，人类在进化过程中并不喜欢思考数字，并且觉得计算很困难，他指出："市场逻辑不符合认知习惯。"（Pinker，

2007）经济学的默认假设仍然是人类通过"慢思维"进行思考和逻辑计算，但这样做非常耗费精力，而人类会想办法保存精力。这种假设有时也是正确的，它也是一个合理的出发点，但需要在特定的环境中进行检验。所以在某些情况下，"特设性模型"更能经受得住实证研究的考验。

更重要的是，公司利润最大化或个人效用最大化希望实现的目标不分好坏，有些目标甚至在很多人看来不算是好的结果。经济学家也同样使用效用最大化的视角来评估人们在吸烟、婚姻、育儿及犯罪等方面做出的选择，与评估其他消费者选择一样。诺贝尔经济学奖得主加里·贝克尔开创性地将标准经济分析模型应用于家庭和社会生活中，用它来分析那些一般人眼中不那么"经济"的选择。经济学家并不觉得这种做法有何不妥，因为这就是他们的习惯做法，但其他人不这么认为。正如《科学美国人》（*Scientific American*）的一篇评论所说："这确实是一种方法，但也太疯狂了。"（Bhalla，2013）

当然，经济学也正在逐渐吸收心理学和认知科学中行为学的研究结果。现在也是时候让经济学家开始将其他动机（即"非经济"动机）和更符合人类认知习惯的选择纳入我们的经济模型中，包括利他主义和亲社会动机（Bowles，2016）、身份感、荣誉感、责任感、爱国主义等。还有一些研究已经对基本的微观经济分析造成了巨大挑战，例如人们并不像经典消费者选择模型展示的那样具有固定偏好,而是受到社会规范或广告的强烈影响。这使得个人效用最大化的理论框架相当经不起推敲,因为它假设了个人存在固定偏好。在这个理论世界中,广告不起作用,消费者也不存在冲动购买的行为。

有些经济学家在研究工作中纳入了可能影响个人选择的社会因素,例如艾迪·格雷泽(Ed Glaeser)研究了一些"非市场"现象,包括犯罪浪潮和肥胖症(Glaeser and Scheinkman, 2000)。乔治·阿克尔洛夫(George A. Akerlof)和瑞秋·克兰顿(Rachel E. Kranton)从个人身份的视角来研究人们的选择,他们在研究中写道:

> 20世纪初美国女性与男性吸烟率差距极大,但是这个差距到了20世纪80年代逐渐缩小,现在女性吸烟率与男性几乎持平。对于这个变化我们不能从标准的经济学视角进行解释,比如相对价格及收入的变化,因为这些变化并不显著。但是有一种解释方法,就是直接询问吸烟者他们如何认识自己,也就是从性别规范变化的角度进行解释。20世纪初女性较少吸烟,因为这被认为是一种不得体的行为,而到了20世纪70年代,香烟广告针对女性"解放"进行宣传,让女性认为吸烟行为不止为社会所接受,更是一种正面积极的选择。(Akerlof and Kranton, 2010)

第二章 置身局外的经济学家

总而言之，现在已经有海量证据证明，理性"经济人"这一人为构建出来的概念在某些情况下是错误的。米尔顿·弗里德曼曾经为"经济人"进行辩护（Friedman，1966），引入了"假设情况"的概念，但这个辩护也站不住脚。

当然，许多经济学家也认为有必要在模型中加入更符合人们实际决定的假设，这就是行为经济学革命，它很快就从研究实验室和研讨会走向了权力的走廊，并在政策中得到应用实施。经济学家和经济政策制定者也在接纳不同的方法，其中一个表现就是对随机控制实验（RCT）和现场实验的研究热情。这些方法通常与行为模型相关，它们始于发展领域，但正在迅速延伸至其他政策领域。经济学家认为，如果实验设计得当，并将参与者随机分配到干预组或控制组，实验结果就可以提供强有力的证据证明"什么奏效"。对热衷了解评估政策或干预措施所产生影响的人而言，这种心理上的现实主义和严谨的学术方法结合在一起无可非议。这种方法允许现实主义的存在，而不会被人指控具有"特设性"，尽管它的普遍性依然存有争议（Deaton，2020）。在某种程度上，经济学家可能对某一种方法过于痴迷，但事实上没有一种研究方法可以回答我们的所有问题。

尽管如此，经济学经典的还原主义习惯犹如百足之虫死而不僵。矛盾的是，现在对经济建议必须建立在证据基础上的要求，可能更加助长了这种还原主义。经济学家迫切地想告诉大众什么做法"行得通",可是解读经济证据并不是一件简单的事情。我们往往是在一个由数百万个变量组成的复杂世界中测试一个只涉及少数变量的假设,这在很大程度上会涉及双向反馈(即同时性);同时,使用相对较少的数据也会使得研究质量站不住脚,要建立因果关系而不是相关性极其困难。无论是随机控制实验还是经济模型中更符合实际的假设,都无法减轻实证研究所涉及的巨大挑战。就此,纳特·西尔弗(Nate Silver)在畅销书《信号与噪声》(The Signal and the Noise)中写道:

> 政府每年都会针对 45 000 个经济指标生成各种数据,私人数据供应商则针对多达 400 万个统计数据进行追踪。于是一些经济学家没有抵住诱惑:他们将所有数据放入"搅拌机",并声称"搅拌"出来的是"高级菜肴"。如果一个统计模型试图从 400 万个输入中生产出 11 个产出,那么它鉴别出来的关系必然有许多并不真实存在。(Silver, 2012)

那些从事应用统计学的计量经济学家很清楚过度应用经济模型的风险,他们宁愿选择不正确的精确,也不愿意选择不精确的正确,即使这样能够描述复杂数据。然而,找到因果关系就像是实证经济学家的"圣杯",对研究人员而言,发现统计学意义是一种几乎无法抗拒的诱惑,尽管早就有人指出这种做法不一定有意义，甚至常常没有意义（Leamer，1983；Zilia and McCloskey，2008）。当研究人员认为自己已经用明智的方法建立了因果关系，事实往往并非如此（Ioannides，2017；Young，2017）。不幸的是，一些起到学术把关作用的顶尖经济学期刊要求论文必须具备"数学性"，这其实是间接助长了对统计意义的追求。随机控制实验这一有用的新工具也有可能成为过度热衷"硬"技术的牺牲品。做实验的研究方法与其他实证方法一样，在认识论存在不确定性时需要本着谦逊的态度进行。无论选择哪种技术，有些经济学家总是急于宣称自己拥有实证的武器，能够提供坚实的关于因果关系的建议，可以准确预测政策杠杆会带来哪些影响。

乐施会（Oxfam）的邓肯·格林（Duncan Green）曾经发表过一篇博文，指出了政策制定者对经济影响证据的热衷，他认为这种需求意味着：

援助事业一向以一种明确或不明确的方式坚持追求线性变化模式，具体表现在一个"好的"项目资金申请必须附带一套明确的活动、产出、成果报告和一个"监测评估与学习系统"，能够将任何变化都归结于项目所进行的活动，这是一种高度线性的方法……

如果否认了问题的复杂性，人们就只能在复杂的系统中找到

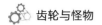

一个个互相独立的线性孤岛,而这些孤岛并不一定是解决问题最有用或最有效的关键。如果不这样,也可以撒谎,比如撰写项目报告,将在复杂系统中进行工作时积累的一边推进项目一边胡诌的经验转变成"推广模式"和"最佳做法",在充斥着线性项目的理想世界中推广实施。(Oxfam,2013)

社会和经济都是复杂的非线性系统,并且具有多重反馈和双向因果关系(Colander and Kupers,2014)。这种现象不仅适用于在低收入国家寻求刺激经济发展的援助业务,也适用于应用经济学的所有领域。

应用经济学常常受到还原主义和简化因果关系的诱惑,从这个现象中可以得出两个结论。

第一个结论是,经济学家应减少对模型的依赖,并且在可行的情况下,接受研究具有理论特设性。学习经济学的过程让我们爱上了这门学科的分析工作,通过理论或假设来进行实证检验;然而我们还需要使用叙事的方法对分析进行补充,包括使用来自经济史和人类学、社会学等其他社会科学的定性方法。结合使用这些研究工具可以为鉴定因果关系提供一些更有力的研究方法。

证据不仅仅是数据和统计数字,有时甚至还包括不可量化的事物。有句话说,传闻叠加在一起不等于数据。我曾经认为这话很精辟,但现在却有所动摇。统计数据能够聚焦在一个小小的点上，发出强大的光芒。而针对开发手机应用程序或消费在线数据等无形活动的价值，我们却没有统计数据。迈克尔·曼德尔（Michael Mandel）指出了一个非常荒谬的现象：官方统计数据表明，在固定和移动宽带用户和使用量爆炸的时期，美国互联网的使用竟然对 GDP 增长做出了负贡献（Mandel，2012）。同样荒谬的是，2008 年最后一个季度，金融服务对英国 GDP 增长做出了正贡献（Coyle，2014）。不被计入并不意味着无形资产没有价值，被计入也不表示投机性金融就有价值。同样，社会资本也难以衡量，但其在社会和经济成果中的重要性显而易见。大自然也为经济提供了大量无法计算的服务。有些具有价值的事物不仅无法用货币衡量，也不可量化，例如自由或公民权。

我们经济学家应该重点发扬经济学在分析及实证测量方面的比较优势，同时也要对其他补充方法保持开放的态度，包括承认某些事物不可量化。丹尼·罗德里克（Dani Rodrik）概括道，"学校不要求在校生广泛阅读，但想要成为一名真正的经济学家，必须具备丰富的知识"（Rodrik，2013）。在象牙塔之外，聘用年轻经济师的雇主也希望毕业生能对经济史、当前形势以及政治环境有更为深刻的认识。任何从事政策建议、咨询和商业金融建议的人都能在工作实践中了解到，经济学模型背后还有一个广阔的世界。

第二个结论是，许多经济学家对实证工作掌握不足，或是态度不够谦虚。

这方面一个常见错误是，检验假设时没有使用恰当的反事实假设或替代假设。这种错误在学术研究中不太常见，不过《金融时报》一篇总结相关经济研究的文章提供了一个实例（Taylor，2013）。文章报道说，高档耳机制造商森海塞尔（Sennheiser）正在进行一场打击假冒产品的运动，因为如果人们购买了廉价山寨产品却以为自己买到的是正品，公司声誉将受损。森海塞尔公司称，经济分析表明假货销售使他们每年至少损失 200 万美元销售额（相当于当年净利润的七分之一）。但事实并非如此。这个数字是基于一个不正确的反事实得出的，即如果没有廉价的山寨产品，每个购买山寨耳机的人都会购买正品。而准确的反事实应该是，会购买山寨产品的消费者其实不太可能掏钱购买 300 美元的正品。如果真要说这件事中是谁损失了销售额，那其实是平价耳机的生产商，他们才应该加入森海塞尔山寨耳机的打击运动。我也很怀疑，购买山寨产品的人是否真的会认为自己买到的是正品，因为大部人都很清楚，商品价格本身就能说明很多问题。

这个例子说明，经济学家必须非常清楚正确的反事实假设是什么。这对竞争分析和商业经济而言是一个根本性问题，我希望所有计量经济学课程都能加入这部分内容。不过，即便正确地将反事实假设或替代假设纳入考量范围，还是会有许多经济学家掉入将政策与"市场形势的抽象模型"进行比较的陷阱。我们必须

第二章 置身局外的经济学家

意识到其实我们只是在注定失败的不同社会情况之间进行选择,否则不可能实现真正的进步。也就是说,要衡量一个政策是否合理,必须使用符合实际的反事实假设来进行比较,否则就会变成科斯所说的"黑板经济学"[①](Williams and Coase,1964)。

经济学实证工作方面还有许多令人尴尬的例子,包括过分夸大因果关系和研究意义,忽略了研究结果的数据力量。面向年轻经济学家的计量经济学一直都以概率理论为主,但在处理真实数据的陷阱方面一般比较弱。也许这种情况正在改变,但我的感觉是,虽然现在下载数据并将数据输入统计包已经非常容易操作,但大众对数据的认识论地位仍然关注得太少。"贝叶斯推断"(Bayesian inference)在涉及不确定性的情况下是一种很实用的工具,也已经开始在课堂中推广,但应用的程度和范围还远远不够。经济学研究几乎无法被重复,负面结果也几乎无法发表。近年来,许多学科中都发现了"数据操控"(p-hacking)的问题(Fanelli,2010;Head et al.,2015),相信经济学也很难独善其身。

长期以来,雇主都希望经济学课程能教会学生如何收集和分析统计数据,以及如何在计量经济学中谨慎使用数据。过去十年间,这个领域的教学有了很大改进。不过还有一个很大的问题是,许多经济学家对统计数据毫无兴趣(包括数据如何构建、调

---

① 指经济学理论成立的前提过于抽象,不能解决现实问题。——编者注

整,如何限制研究结论),同时,对机械的计量经济学研究得出的结论漫不经心。参加研讨会时,许多人总纠结于在确定因果关系过程中的计量经济学相关的技术性细节。我的一位同行把这些人称为"鉴别警察",因为他们总是要求论文作者说明其如何"鉴别"出真正的因果关系。我个人并不认为因果关系可以通过计量经济学来确定,尽管这点存在争议。确认因果关系必须综合运用其他领域的知识。在大数据时代,这些实际的数据处理问题将变得更加重要(Athey,2007)。

更进一步说,我认为在认真对待实证的问题上,宏观经济学家做得远远不够。这种说法听起来非常矛盾,因为宏观经济学家的工作就是不断使用数据,毕竟他们的日常工作就是分析整个经济的行为,并预测未来的发展。我担心的问题是,首先,很少有宏观经济学家能考虑到,他们下载和使用的统计数据本身具有巨大的不确定性;其次,对整个经济现象得出明确的结论异常困难,这是数百万企业和消费者之间互动选择的共同结果,它牵涉特定的历史和地理背景,以及复杂的社会和政治关系。金融危机发生后,很多经济学家都呼吁经济学家群体表现出更大的谦逊。戴维·科兰德(David Colander)在2011年的美国社会科学联合会年会(ASSA)上提出了一个关于道德准则的建议,标题是"打造谦逊的经济学家"(Colander,2011)。他写道:

第二章 置身局外的经济学家

早在1927年,莱昂内尔·罗宾斯(Lionel Robbins)就提出:"目前阶段,经济学家所说的精确性在很大程度上是一种虚假的精确性。考虑到目前已经掌握的知识,那些宣称经济学非常精确的人只不过是庸医而已。"尽管今天的经济学已经取得了长足进步,但他的观点依然成立。然而经济学家却常常让非专业人士和政策制定者相信,我们的政策建议远比任何中立客观的观察者的建议更具有科学依据。

然而,宏观经济学家典型的做法是,利用那些很容易在网上获得的具有高度聚集性、相关性和自动相关性的有限数据,却没有仔细思考这些数据是如何构成的,就基于这些数据提出强硬的主张。在这方面 Reinhart 和 Rogoff(2009)做了一个很不一样的研究,他们收集了重要的最新数据,打造了一个政府债务历史数据库,而不考虑别人对他们数据解读的看法①。很少有经济学家会花时间去详细了解宏观经济统计数据是如何被收集和调整的,也很少有人认真考虑概念问题,例如,在定义生产边界时哪些因素能被算入"经济体"内,或是如何在衡量商品价格变动时

---

① Reinhart 和 Rogoff 在说服西方国家政府采取紧缩政策方面很有影响力,他们把重点放在降低政府债务水平上。但是后来人们发现他们有一个表格错误,导致批评者拒绝承认债务门槛对后续增长的明显影响。不过政策制定者对债务门槛的解读也过于机械(这个观点存在争议)。

进行质量调整。这个世界上并不存在"实际GDP",它只是一个人为构建出来的概念,并不能被客观观测到。这个世界上有很多实实在在发生的事情,比如一家人把多少工资拿来消费,消费了多少钱,不过这些都是微观经济学研究通过大规模问卷调查进行的分析工作(这个领域也存在自身偏见及不确定性)。总需求、宏观经济学、变量,这些都是人为创造的想法。美国联邦储备委员会前主席艾伦·格林斯潘(Alan Greenspan)因其对详细的行业级统计数据极其关注而闻名,因为他对细节的关注异于常人。尽管在金融危机发生后,宏观建模和预测工作出现了巨大改进,但依然有很多宏观经济学家对自己的研究振振有词、喜欢与人争论。有人认为紧缩政策是对的,有人认为是错的;有人认为货币政策必须根据现代货币理论(Modern Monetary Theory)确立(Kelton,2020),也有人认为现代货币理论是一种逻辑不通的"半吊子"理论(Rogoff,2019)。

除此之外,要从综合宏观数据中辨别那些互相竞争的理论,也几乎不可能做到。在我看来,对不同理论不断发表个人观点、对现有数据进行计量经济操纵显然也不能解决这些问题。宏观经济学发展本质上确实非常困难,换句话说,如果不考虑创新,不考虑金融、建筑和能源等关键市场的体制结构,不考虑消费电子和住房等重要商品市场的质量变化,不考虑地区差异、数据中的汇总假象等因素,宏观经济学就无法向前推进。这些想法部分源自我的博士论文，主题就是宏观经济学，多年的学习让我意识到不同产业在其商业周期中的行为完全不同，所以需要不同的理论进行解释分析，也就是说，宏观经济学的成果就是一种人为的汇总。这些想法也源自我后来使用模型预测英国经济的工作经验，这个过程让我了解到所有的预测模型在得出有意义的结果前都要做一些微调。要想了解整个经济过程，就应该认真探索其他能够处理复杂性的社会科学方法，比如基于个体的建模（ABM），不过这方面似乎还没出现很大进展（Axtell and Epstein，1996；Farmer and Foley，2009）。标准宏观经济学已经走到了极限。这方面爱德华·利默（Edward Leamer）甚至比我更悲观，他认为："宏观经济学对因果关系的理解是零，今后也不会有进步。这难道不是我们心知肚明的事实吗？"（Leamer，2010）

这并不意味着对宏观经济学向严谨的实证学科转型表示绝望。但我们确实没有足够的数据，也没有对数据进行仔细的解读，还夸大了最后的结论。

而且，我们在使用数据为制定理论提供依据方面做得也不够。科学研究的方法是演绎法和归纳法的结合，也是理论与数据的二重奏。生物学之所以成为一门科学，正是基于几十年间的细心观察和数据收集，使用归纳推理的同时结合生物过程的演绎法。而经济学似乎没有这种演绎与归纳的结合。虽然近年来出现了不少积极转变，但经济学家中依然很少有人会跟普通人对话交流、参观企业并与经理会谈、收集新数据、亲自开展问卷调查、阅读史料等。即使计量经济学出现了许多新方法，但由于人们对因果结论的执着，这些方法也面临着硬性演绎影响现实的危险。

第二节

"仙境"中的政策问题

上节描述的问题会给制定政策和评估政策带来哪些实际影响？正如第一章提出的，经济学家在实践中常常会忽略经济学是一门社会科学，涉及活生生、有感情的人，这些人面对政策改变（甚至只是公共讨论）都很有可能改变自己的行为。这一点经济学家当然很清楚。我们都知道古德哈特定律，也知道在宏观经济学领域有卢卡斯批判（Lucas Critique，意思是经济体中发生结构性改变时，历史之镜不能照见未来。这些改变包括新技术出现、劳动法变化等），但我们却自认为可以置身我们所评价的环境之外，忽视了这些理论对现实的意义。

这种置身事外的习惯性视角常常使人被蒙蔽双眼，看不清经济学研究从客观评估（也称实证评估）到高度主观结论（也称规范性结论）之间的过渡。弗里德曼曾就实证经济学与规范经济学的差异发表过一篇非常著名的论文，他坚定地认为客观结论能够也应该成为经济学的目标。他在文中写道：

> 普通公民对经济政策的分歧主要来自对政策行动导致的经济后果会产生不同预测，而不是来自基本价值观的根本分歧；而这些分歧原则上可以通过推动实证经济学发展来消除。要想对"正确的"经济政策达成共识，推动规范经济学不会产生实质意义，我们更需要推动实证经济学的发展，让其结论得到广泛接受。（Friedman，1966）

但事实恰恰相反，经济建议往往少不了价值判断。如前文所述，在最基本的层面上，经济学家可能会忘记在评估过程中要考虑人们会有哪些行为反应。可惜，现实就像爱丽丝梦游仙境时玩的槌球比赛，以火烈鸟当球棒，以刺猬当槌球，两个动物都提出了反对。而爱丽丝就像一个政策经济学家，她假设干预行为发生后研究对象一定会作出固定的反应，可事实并不是这样。这些研究对象会互相影响，他们作出的决定未来会如何演变更加不可预测。格雷戈里·贝特森（Gregory Bateson）认为，在社会科学中，游戏就是要找到游戏规则（Bateson，2000）。这些规则具有自我指涉及反身性，并且模糊不清，不过经济学家却不像其他社会科学研究人员一样把这些特征放在心上。

第二章 置身局外的经济学家

这种忽视导致的后果在第一章有所列举。我本人在这方面最早的亲身经历来自在 2003 年英国竞争委员会（Competition Commission）对延长保修期市场展开调查时，担任调查委员一职。以前家电出故障时人们会通过房屋保险申请赔偿，后来家电制造商推出延长电器产品保修期的合同，逐渐取代了这种做法（最后我们判定这些合同违反市场竞争原则）。1997 年，英国财政部为了鼓励公平竞争，将家电故障保险的税率提高至 17.5%，与当时的增值税（VAT）税率持平。不过由于零售商能够从税务部门退回大部分的 VAT 税款，于是那些最大型的洗衣机、冰箱零售商想到一个办法，他们向消费者提供（免税的）延长保修期合同，这种合同属于服务性合同，不属于保险，也就意味着能实现 17.5% 的利润率。就这样，由于评估增税的官员没有想到零售商会改变销售策略，一个每年价值 160 亿英镑的市场诞生了，但却没有给消费者带来任何好处（Competition Commission，2003）。

值得注意的是，诸如此类的评估失误也会出现在随机控制实验中。由于学术研究伦理道德方面的要求，参加实验的被试者必须在实验正式开始前签署知情同意书，这个环节就注定了必然导致评估失误。因为即使被试者不知道自己被分在控制组还是实验组，但只要他们知道自己正在被观测，就会改变自己的行为，有可能影响结果。如果进行随机控制实验的目的是推导出一个能产生结果的因果杠杆，那么就不应该让被试者签署知情同意书，不过这显然会牵涉更多问题。相较之下，自然科学领域的实验就不受这类偏差影响。

不过，即使将个体对政策或干预措施的行为反应纳入考虑范围，整体的社会影响依然无法预测。个体之间的行为会相互影响，个体对政策制定者这个局外人也会如此，而且这些相互影响不可能提前预见。所以说，经济体是一个动态且复杂的体系。保罗·奥尔梅罗德（Paul Ormerod）很多年前就指出，我们可以预测大致的情况，却不能预测具体的情况：经济学家可以像气象学家和地震学家一样，讨论典型模式或短期走势（Ormerod，1999）。仅凭这一点就能说明，光靠经济模型无法提供政策制定者需要的建议，还需要加入其他类型的依据，需要对经验和政治因素加以考量。这就是整体影响的艺术。

在所有社会科学领域，观察与亲身参与之间必然存在一种紧张关系，但是相较于其他社会学科，经济学对此却不大在意。从现实层面看，经济学家的局外人视角很有问题，从道德层面看也一样。在政治领域，应用经济学旨在为公共利益服务，我们心里装着社会福利。想要成为公正客观的观察者当然没错，这样能够客观地评估具体政策干预会对社会福利产生的影响。这也是自由主义正义理论多年来的主题，比如约翰·罗尔斯（John Rawls）著名的"无知之幕"（veil of ignorance）和亚当·斯密提出的"中立的旁观者"（impartial spectator）。但我们也很清楚，经济学家和政治顾问也是活生生的人，他们也会对奖励机制和效用最大化作出各自的反应。这就是为什么公共选择理论（Public Choice Theory）和新公共管理理论（New Public Management, Lapuente and Van de Walle，2020）要强调个人奖励和决策者利益。

这种理想主义和不堪的现实主义矛盾结合在一起，或许能够解释为什么会出现对政治冷嘲热讽的现象，而这些批评不仅来自民众，也来自政策制定者。经济学塑造世界的另一个例子就是，有证据表明，新公共管理等理论腐蚀了公共服务人员的道德水平，从而破坏了公共服务在公民中的可信度。在新公共管理理论制定的政策框架内，也有一些证据显示，公共服务人员的行为已经趋于理论假设的自利者（也存在反证）（Corduneanu, Dudau and Kominis，2020）。我在前文也提出，经济学如果要变得更符合实际、更偏重证据，就必须将效用、收入、利润最大化之外的其他动机也纳入考量。如果能将身份认同和社会规范纳入考量，之前作出的经济建议或许会有所不同，包括对公共部门绩效工资和外包问题的建议，以及在那些被人们认为市场经济"走得太过"而感到不安的领域中作出的建议。迈克尔·桑德尔（Michael Sandel）等作家声称市场经济已经触犯了道德底线，这种说法引发了很多共鸣，尤其是这些作家观察到市场主导的政策已经改变了人们的价值观，人们的道德标准已变得不如从前

（Besley，2013）。

除此之外，从影响评估转向社会福利评估也存在一种紧张关系。从逻辑上说，目标没有好坏，但在政治领域进行任何影响评估都必然涉及对某些目标的公共利益评估。在政策评估中，看起来客观的经济影响评估往往会转向价值判断。这也使得金融危机爆发后许多人认为市场哲学已经走向疯狂。

安德鲁·赫尔曼（Andrew Gelman）指出，这种从实证向规范的转变往往不明确，这已经成为经济学家的普遍做法。他引用了"魔鬼经济学"博客（Freakonomics blog）中的一个例子，有一位作者对《逃离德黑兰》拿到奥斯卡最佳影片奖感到不满，他认为《复仇者联盟》才应该得奖，因为该片的票房比票房第二的电影整整高出两亿美元。对此，赫尔曼回复道：

一方面，你带着客观描述的视角，认为经济学家是火星来的外星物种，在天上客观地俯视人类，研究方法跟那些在试管中培养细胞的科学家一样。消费者主权最为至高无上，别人稍有怀疑就有可能造成冒犯。你这个自作聪明的人，凭什么觉得自己比普通观众更懂电影？

另一方面，你也给我们上了一节道德课。《复仇者联盟》票房最高，所以它就是最佳电影。"花钱买票的人的意见应该受到电影业的重视。"（Gelman，2013）

第二章　置身局外的经济学家

我不知道从实证向规范的转变有多普遍，不过很显然，最受欢迎的不（一定）是最好的，这一点就连那些掏钱买票的人也未必会否认。

更为矛盾的是，虽然经济学家往往不情愿做出这种明确的规范性判断，而更希望看到经济建议建立在实证经济学之上，但行为经济学本质上属于家长式经济学。因为在行为经济学构建的理念中，人们会做出"非理性"和"带有偏见"的决定，比如根据经济学的预测，理性的消费者会使用年化利率（APR）来比较借款成本，不过如果事实果真如此，就不会有人用借记卡借贷，更别提预支工资贷款了。这意味着行为经济学或许只在金融及消费者监管政策、社会政策等方面更为有效；然而，搭建"选择架构"的目的是"引导"人们做出对其更有利的决定（哪怕是根据人们自身的标准），这种观念不可避免地赋予了经济学家"家长"的角色，或是像万斯·帕卡德（Vance Packard）在《隐藏的劝说者》（*Hidden Persuaders*）中描述的政策智囊，告诉人们营销人员和广告商如何对消费者进行操纵。言下之意就是，经济分析师最清楚哪些才是人们在不受行为"偏见"左右时的"真正"偏好（Sugden，2020）。

我已经描述了经济学家视角所涉及的三个模糊不清或自相矛盾的地方：我们究竟是在模型内，还是模型外？我们是公正的观察者，还是只顾自身利益的个体？究竟是家长式的经济学说了算,还是消费者就是上帝?

这些模糊不清的问题其实会带来很大的影响,因为经济学家把自己视为公共政策领域的专家,是追求真理、探索"什么方案行得通"的领路人。2019年诺贝尔经济学奖认可了随机控制实验在经济学研究中的应用,像这样令人激动的新技术已经开始将人类社会作为实验室,这更助长了经济学家将自己视为客观科学家的自我认知。阿比吉特·班纳吉(Abhijit Banerjee)和埃丝特·迪弗洛(Esther Duflo)在共同获得诺贝尔奖之后合著了《好的经济学》(*Good Economics for Hard Times*),内容涉及非常有争议的移民政策,他们在书中写道:"这再次提醒我们,现在迫切需要把意识形态放在一边;我们应该根据最新研究结果,倡导大多数经济学家达成的共识。"这种说法相当于又一次公开声明,公正客观有可能实现。

然而,实证微观经济学的成功却将经济学稳步推上了政治的舞台,这正是一个涉及规范性选择的舞台。

例如,随机控制实验或计量经济学评估产生的结论,有时可能会与政治倡导的观念不符。芝加哥大学的研究人员对芝加哥学龄儿童考试成绩的激励措施进行了研究,发现能够产生最大影响的变量是根据学生成绩,提前向教师支付大笔奖金。出于规避损失的心态,教师们为了能够留住奖金,会奋力取得好成绩(Fryer et al.,2012)。但是,难道在公共事业中提前发奖金会对政治产生影响?这当然是一个反问句。同样,随机控制实验的结果也很有可能与政治观念或社会观念相悖。经济效率并不是在所有情况下都是全社会的共同目标,所以,普通人对结果好坏的判断很可能与观点最平衡、思想最开放的经济学家也不一样。

本章开头就提到,经济学家和加缪笔下的"局外人"一样,走入了同一个误区:我们不可能与自己研究的社会保持距离。在这个逐渐两极分化的社会中,局外人的视角已经无法继续保持。简而言之,政治经济学已经卷土重来。经济出现零增长或衰退时,政治经济学肯定会重新得势,因为人们看不到任何经济好转的趋势,也就无法接受资源分配方式的转变。另外一个原因是在过去几十年间,经济学在实证微观经济研究方面的实质进步已经给出了许多例子,这些例子说明,"客观的"经济学家使用效率标准进行评估发现的有效因素,与人们的美好愿望之间存在矛盾,即使这不符合理性,甚至不合理。

中场休息

第二章的内容源自我曾经做过的一次讲座,那场讲座激怒了一位听众,他是英国一位著名的宏观经济学家。第二天,他给我发了一封电子邮件,开头是:"我认为你昨晚的演讲可以说是刻薄又没有风度。诋毁这个职业起不到一点积极作用,尤其是用复杂的术语来进行攻击。"他接着表示,他确实预测到了全球金融危机的发生:"我在2004年9月就写了关于储蓄过剩观点的第一份说明,让人们能够很容易地看到金融危机必然发生。其他几位经济学家也通过美国家庭的借贷情况对金融危机做出了准确预测。我建议你下次针对宏观经济学发表意见之前,先好好阅读这些材料,搞清楚事实再说话。"

他说得没错,一些经济学家确实预见了危机即将发生,不过也可以这么说,那些事后宣称自己进行了准确预测的专业人士,并没有在2008年前让整个世界听到他们的声音。这位观众的反应让我很吃惊,但这并没有改变我的观点。宏观经济学研究确实很难。尽管其在金融危机后进行了许多改进,比如引入了金融摩擦和异质性的概念(后者指不同公司及个人类别之间的差异),

也更为明确地承认了不确定性的存在，不过在为整个经济建模以及预测经济趋势方面，主流措施的说服力依然不足。

为什么会这样？原因主要有两方面。一方面，宏观经济数据严重不足。全球金融危机发生后我的研究方向主要是经济统计数据，特别是衡量数字经济行为，所以对数据进行了比之前更为深刻的思考。宏观经济模型中各变量的数值每季度变化相对较小（比如GDP、通货膨胀和失业率等），同时各数值之间联系紧密。即使认为通货膨胀是唯一可定义的指标（实际上并不是），在测量时其实也存在很大的误差。在这种情况下，我认为不可能发现变量之间的因果关系，或是任何稳定的关系。此外，模型以外的信息也需要纳入考量，比如历史叙事，以及根据其他证据及方法得出的既往理论。

另一方面，我们并不清楚应该如何进行汇总，或者说，如何将经济理论研究的个人和公司的行为转化成集体总量。各国政府都会为了政治需要统计国民宏观经济数据，因为政府必须实施全国性政策。然而政治边界与经济边界基本不可能重合。城市区域、跨境供应链应该是正确的分析层面，但简单地将整体社会成果加总很可能与实际总量相去甚远。新冠肺炎疫情清晰地向人们展示了世界正面临巨大的不确定性。2020年中期，人们展开了许多辩论，探讨经济复苏可能出现的各种"形态"（V型、U型、W型、L型，甚至是$\sqrt{\ }$型），之所以产生这种混乱，是因为当时人们已经认识到，决定消费者是否会恢复消费的是：他们是否想要恢复消费。换句话说，相信就是力量。

随着全球金融危机后时间的推移，宏观经济学的缺陷也在我心里逐渐淡去，因为我的大脑已被近年来从事的数字经济工作占据。在这期间，我也转换了职业跑道。2014年，我从政策和咨询领域转到了学术界，成为曼彻斯特大学的经济学教授。我在曼大开设了一门关于公共政策经济学的课程，在此课程的基础上，于2020年出版了《市场、国家和人民》（*Markets, State and People*）一书。这也是我在这么多年职业生涯中，第一次认真思考经济学家所说的"社会福利"（social welfare），也就是社会整体状态如何。下一章会提到，几十年来，很多经济学家都没有认真思考过这个问题，我并不是唯一的一个。除此之外，前文论述过的实证经济学和规范经济学的内容也将在第三章继续讲述，这些内容基于2017年春季我在牛津大学万灵学院（All Souls College）举办的研讨会上的发言，以及在2017年9月牛津大学国际网络会议上的演讲（Coyle，2019a）。第三章将对第一章和第二章的一些内容进行扩充，特别是关于理性选择和经济人的内容。

下一章提出的主要问题是：我们如何评估经济学家提出的政策建议是否对社会有益，尤其是在这个数字变革正在逐渐改变经济体特征的时代？

第三章

经济人、人工智能、
老鼠和人类

第一节

疯狂世界中的理性

下面有三种不同的实验。

人工智能公司 DeepMind 设计了一个采摘苹果的游戏，内容是让智能体（AI agents）互相竞争稀缺资源（Leibo et al., 2017a，b）。这款游戏名为"采摘"（Gathering），目的是了解这些智能体是否会合作采摘苹果，以及是否会抢夺其他智能体的苹果。这些智能体事先进行了强化学习，即算法要求智能体"必须通过与周围环境的试错互动，学习如何持续累积最多收益"。也就是说，智能体会通过感官输入不断进行自我学习，例如，记录游戏屏幕中像素的位置，以及关于后续行为能否得分的经验。这些智能体被设计成典型经济模型中约束优化的理性行为者——"经济人"，也就是说，只要还有苹果存在，它们就会通过在游戏进行中与其他智能体互动，尽量使自己的分数最大化。它们必须对环境变化作出回应,而每个智能体也是组成大环境的一分子。当苹果数量充足时,天下太平;而当苹果变得越来越稀缺,它们也变得越来越有攻击性,最终会互相攻击,开启抢夺苹果之战。资源竞争越激烈,智能体的进攻性就越强。

读者可能会就此得出一个结论,由于智能体被输入的行为程序是精于算计、自私自利的"经济人",所以这样的结局注定会发生。这种观念在经济学家头脑中根深蒂固,并成为一切经济分析的基础。不过许多评论家认为这既不实际、也不道德,毕竟在实际生活中,人们也常常会展现利他主义精神,做出关心他人的行为。Bowles(2004)提出,做出经济决定时必须考虑到,人们也会根据既往经验做出选择,不一定会进行理性的计算。这个观点可以通过实证研究进行检验。不断发展的行为经济学及心理学研究主要使用不同实验的研究方法,这些研究成果也证实了人们在做决定时确实会考虑很多因素。人类所处的现实世界和 AI 游戏不一样,并不是一个人对抗全世界的战争。其实,"经济人"的替代假设已经被广泛用于应用经济学领域,然而"经济人"的概念依然是大部分经济学的基础(Pesendorfer,2006)。

除了计算机世界的虚拟环境以及线下的真实人类社会,还有第三种实验场景也被用来研究不同生物在资源稀缺时的反应。这些实验的对象(比如老鼠和鸽子)有时候会呈现出情感驱动的反应,包括与朋友分享资源,即使这么做会牺牲自己的利益。但也有许多实验对象（比如细菌、真菌、卷尾猴等）表现得自私算计，就像经济模型的假设和 AI 游戏中的智能体一样。例如，它们愿意放弃沉没成本、准确计算概率，这些都是约束优化的经济模型所预测的选择（De Waal，2006；Hammerstein and Noë，2016；Herbranson and Schroeder，2010；Hurley and Nudds，2006）。在这些"生物市场"中发生的互动看上去与主流经济学模型相当一致。

我们该如何看待这三种类型的实验结果呢？当然不是说老鼠比人类更理性、人类比 AI 善良却不那么聪明。这些比较不应该是认知能力的比较，因为真菌和细菌都没有神经元。这些实验也不是为了探索不同生物（或算法）深层次的相似性或差异性，因为行为方面的异同不应该向内探索，而要向外与外部世界相连，而外部世界正是一个资源受限的世界，其中个体交换在不断地进行，专业分工在不断地演化发展。

对人类而言，个体进行选择既涉及环境因素，也涉及社会因素。人类做决定的过程中涉及的社会环境要比其他生物和 AI 代理人所处的环境更为错综复杂。Leibo 等人（2017a，b）在其研究结论中提道："学习如何鼓励有效合作和学习如何执行有缺陷政策的复杂性或许不尽相同，其中一个应该要比另一个容易得多。"情况确实如此。事实证明，进行合作需要大量的计算资源，而相比之下，实现自我利益最大化要轻松得多。资源稀缺使得合作成本变高。外部环境才是一切的关键。

这个结论在经济学领域也不陌生。很多年前 Becker（1962）就指出，市场结果似乎是在约束下理性选择的结果，而现实生活中，人们会做出完全"不理性"的选择，这些选择有时是随机的，有时是固定的。市场结果由外部环境导致，不需要对个人心理和个人偏好做出任何假设。站在更宏观的角度，经济学家又重新燃起了对外部环境的兴趣，至少是在历史和地理方面。现在有许多跨学科研究正在进行，不止跨界心理学和认知科学，也包括历史、地理、信息理论、演化生物学、复杂科学，以及政治经济学。不过，如果我们过度重视那些认为客观环境重要、主观认知不重要的生物市场理论和信息理论，那么现在的行为经济学热潮会在一定程度上转移真正的注意力。我们应该关注的是那些会影响最终决定的环境因素，而不是关注全部的外部环境。

要理解人类在经济学领域如何决策，依然任重而道远。

第二节

观察分析与价值判断的区分："是什么"和"应该怎么样"

研究实验得出结果后,需要考虑一个事实及实证方面的问题:如何对实验观测到的选择进行描述和建模?那么"经济人"假设涉及哪些伦理问题呢?有批评家认为,这种自私算计的假设会鼓励人们做出不道德的行为,也为不道德行为提供了合理解释,并且释放出一种社会信号:不道德行为可以为人接受。上一章提到,受公共选择理论启发的新公共管理政策实施后,在一定程度上消解了公共服务事业工作人员的内在动力。Bowles（2016）和 Sandel（2012）都提供了例子证明,基于自利假设制定的政策会让人们的行为变得更加自私自利。其中一个很直观的例子就是托儿所向家长收取延时接孩子的费用,这让家长认为他们支付了超时托儿费用,反而更加理所当然地晚到,完全起不到鼓励家长按时接孩子的作用。

经济学家对时下流行的行为经济学与决策心理学的跨学科研究兴致勃勃，对上述批评的声音却几乎没有作出任何回应，原因是我们当中许多人对伦理问题并没有太多专业上的兴趣。我们认为"是什么"和"应该怎么样"是两个不同的问题，而经济学只负责回答"是什么"，另一个问题可以交给哲学家回答。

然而，经济学也有一个分支专门负责伦理问题，就是研究经济成果和决策对社会的益处的福利经济学。它是政策评估的基础，并被广泛应用于解决现实问题，比如成本效益分析和竞争评估，但近期却很少得到经济学家的关注。80多年来，经济学一直在严格区分"是什么"和"应该怎么样"这两个问题，也可说是实证与规范的问题。阿瑟·塞西尔·庇古（Arthur Cecil Pigou）就是这种早期传统的代表，他写道："伦理学和经济学相互依存。"（Pigou，1908）亚当·斯密也发表过类似的观点，他虽然对人性的看法很现实，但他也认为人们心里很清楚："自身利益与社会繁荣息息相关。"（Smith，2000；另见 Rothschild，2001）与这些传统观点不同的是以莱昂内尔·罗宾斯为代表的实证主义运动，该运动导致经济学逐渐放弃了比较不同人群的收益。然而，如果我们不去比较各种各样的人群所经历的损失和收益，就不可能针对政策选择给社会福利带来的影响作出实质性评论。

Robbins（1932）在其著名的文章《经济科学的性质和意义》（*The Nature and Significance of Economic Science*）中，声称经济学和伦理学处于"不同平面"，他写道："经济学在各结果之间是中立的。经济学不能对最终价值判断的有效性发表意见。"从那时起，经济学就一直坚持一个观点：经济学的任务是针对路径而非目的发表意见，而这两者之间有着严格的界限。价值判断的任务要留给其他人承担，例如当选的政治家。关于这一点，弗里德曼也在一篇著名文章中有明确阐述：

> 实证经济学原则上独立于所有特定的道德立场及规范判断……它的任务是提供一个对环境变化产生的后果作出正确预测的概括性系统。要判断这个系统的好坏，取决于其产生的预测是否精确、涵盖范围大小，以及是否与现实一致。简而言之，实证经济学是一门，或者说可以成为一门"客观"的科学，从这个意义来说，其与物理学并没有不同。（Friedman，1953：146）

许多经济学家仍然认为经济学大大促进了对"实证"的理解，不过他们也认同，许多政策选择的确涉及价值判断。努力将个人价值观与专业建议分开的做法令人钦佩，人们当然希望专家能尽可能客观公正。在蓬勃发展的应用微观经济学领域，经济学家也确实有能力为政策选择建立一个不断发展的证据基础。

然而，观察分析与价值判断的区分也导致在应用经济学的许多实际政策选择中，有人对如何评估社会收益与损失提出了质疑（Hausman and McPherson，2006）。这种评价标准通常被称为"帕累托标准"（Pareto Criterion），意思是只有在至少有一人受益且无人受损的情况下，政策才能算是有益于社会福利。这种说法的局限性显而易见，于是在Hicks（1939）和Kaldor（1939）的带领下，经济学家常常提出，只要得益者能够补偿受损者遭受的损失，至少是在理论上能够补偿，那么相关政策就算是有益于社会福利。这种观点有时也被称为"帕累托改善标准"（Pareto Improvement Criterion）。不久之后Scitovszky（1941）就证明了，执行政策和取消政策都有可能符合帕累托标准，都有可能对社会有益，这取决于站在得益者还是受损者的立场上；之后的学者也证实了这一点（Baumol，1952；Roberts，1980）。Baumol提出，Hicks和Kaldor的补偿说"并未解决不同人群之间的效用比较问题，它只是将效用置于货币的衡量标准之下，而衡量标准在我们手中被不断弯折、拉伸，最终碎成一片一片"（Baumol，1952：89）。

几乎所有政策的实施都有赢家和输家，然而经济学却将这个问题抛到场外，这种做法无疑束缚了自己评估社会福利的能力。

当然，将个体得失汇总成社会整体得失并不是一件容易的事。一直以来，福利经济学家都注意到，这方面的汇总工作必然涉及资源分配的隐性价值判断（Graaff，1957）；进行汇总时如何

第三章　经济人、人工智能、老鼠和人类

确定不同收入群体的比重？是每个人都一样，还是更看重弱势群体的收益？原则上说，社会福利函数（social welfare function, Bergson, 1938; Samuelson, 1983）的概念已经明确将道德判断再次引入了资源分配领域。政策制定者可以先指定某项客观具体的函数（比如收入平等、为弱势群体带来最大化利益，即小中取大准则），然后根据相关比重整合个人效用。然而，正如肯尼斯·阿罗（Kenneth Arrow）在其不可能性定理（Impossibility Theorem）中指出的，不可能通过将个人效用持续相加来计算社会福利，以满足帕累托标准和一些看似合理的其他假设。社会中不可避免会有利益冲突和矛盾，阿罗的不可能性定理只是对这个显而易见的事实进行了正式表述。从社会福利角度进行价值判断却不考虑不同人群之间的福利差异，这种做法必然导致冲突，从而出现阿罗在定理中描述的"不可能"。

这个问题对经济学学生而言还比较陌生。在学校里，阿罗的雕像巍然伫立，被众多师生所敬仰。在课堂上，学生学到了：在某些假设情况下，竞争市场均衡就是帕累托有效配置，在首次资源分配的前提下，市场交易可以实现帕累托最优配置，这就是福利经济学第一和第二基本定理。这些定理涉及的假设包括理性自利的选择、拥有完整信息、不具备外部性（如污染）、不涉及公益事业（比如保护大气环境）等。这些因素聚集在一起，就形成了一个有趣且有用的分析框架，这个框架告诉人们"自由市场"

需要什么样的政策和政府干预,然而这一切只是空中楼阁。假设条件与现实世界之间最大的差异或许就是个体与社会之间的差异。例如,在一个规模收益递增的行业中,每个企业的生产决策都会影响行业内其他企业,比如我本人的消费偏好就不是固定的,否则苹果公司就不会费心发明 iPhone,也不会花大钱做广告。

尽管这些福利定理没有考虑到经济体中的社会因素,但它们还是使得竞争性市场的概念成为一个不容置疑的基准概念。20世纪七八十年代,在各种社会事件、政治发展和经济思想的演变过程中,这一概念在政策选择领域的地位被进一步巩固。撒切尔夫人和里根总统都在其政府哲学中嵌入了自由市场版本的经济学,20 世纪 70 年代宏观经济理论的失败也在一定程度上促成了这种公共政策的转变。经济学界则走得更远,紧紧抱住了理性预期、公共选择和实际商业周期理论的"大腿",这个现象前文已经有所论述。

许多政策分析都假设,只有针对某些具体且已确定的市场失灵现象,才应由政府出面进行干预解决。事实也的确如此,在公共选择领域的研究文献中,"政府失灵"现象被认为是政策制定者的常见错误,至少与市场失灵现象同样频繁(Le Grand,1991)。然而正如 Baumol(1952:165)指出的,"市场最有效"的结论完全来自福利定理的假设,而这些假设忽略了人与人之间相依相存的事实。这个论证实质上陷入了一种逻辑怪圈：如果假设个人独立行动，独立行动就会带来最好的结果；如果不这样假设，要想分析出什么办法对全社会而言最理想，难度则会大大超过第一种假设。

然而，观察分析与价值判断的区分依然坚挺。经济学家大致认为，经济学家负责的是技术性工作，他们分析数据，监测出市场失灵的情况，并找到适当的措施进行纠正，而价值判断可以留给哲学家或政治家去做。这种观点在一定程度上确实成立。经济学确实提供了理论和经验上的分析工具来实现这种结果。从Smith（2000）到Sen（2009），经济学的传统做法一向是在思考公共事务时明确地采用公正的旁观者视角。于是，大部分经济学家对观察分析与价值判断的区分（包括个人自身的价值判断）都深信不疑，他们也在工作中非常自豪地实践着这种做法。

第三节

经济政策的影响

经济学与规范性问题其实密不可分，这在许多情况下都有体现，比如是否要在绿地上修建一条新的铁路线（成本效益分析），针对公司产品的安全标准进行监管（监管政策），在收购过程中阻止私人交易行为（保护竞争政策）。经济学家本人也必然带有自己的价值观和观点。对观察分析与价值判断的区分严重阻碍了对公共政策问题进行经济分析，因为这些问题的根本正是组织资源的集体使用和分配。

成本效益分析（CBA）就是一个披着实证外衣进行规范性价值判断的例子，它也是在政府行为中被广泛使用的工具。成本效益分析意在将政府干预措施涉及的所有成本和效益转化为货币形式。理论上，计算时最好使用竞争性市场价格，然而实践中却经常通过各种方法将价值表示为美元或英镑。阿诺德·哈伯格

（Arnold C. Harberger）也主张使用市场价格进行计算，但他也观察到，这种做法有可能将一些人们认为有价值的事物排除在外：

> 这些因素当然也包括任何项目计划所涉及的收入分配问题、国防问题，以及自然风景问题，它们在某种意义上极其重要，甚至能够成为支配政策决定的主导因素，但在专业经济学家将自己与其他人区分开来的那套专业知识中，它们却没有占据任何位置。（Harberger，1971）

这种观点也是针对区分观察分析和价值判断所提出的。随着成本效益分析的方法不断发展，人们一直在尽量考虑政策带来的"更宏观的影响"，包括对外部环境因素的影响，例如英国财政部绿皮书在修订过程中，越来越强调计算时要考虑非市场因素和社会因素，包括对环境的影响和更长远的政策目标。还有一个例子是在"落后"地区进行投资，尽管在更为富裕的地区投资会带来更高的经济回报，成本效益评估也会更乐观。

成本效益分析常被环保主义者批评，他们认为这是在用金钱衡量内在价值和无法估价的事物（Kelman，1981）。对此，经济学家的对策是将分析方法变得更加复杂（Drèze and Stern，1987；Dietz and Hepburn，2013）。然而在应用成本效益分析时，经济学家还是对政策内容作出了不明确的规范性判断，因为分析工作需要使用货币作为共同的衡量尺度。与此同时，如何分配利益和成本的问题并没有解决，这要留给政治决策者去做。最重要的是，这种分析方法假设，只要将个人的成本和收益相加，就等于社会的总成本和总收益，同时还假设人与人之间的相互作用和社会影响并不存在。

应用经济学的许多其他领域也涉及福利评估，但受制于帕累托标准，我们采用了一种对资源分配漠不关心的标准来衡量社会福利，这种做法无异于作茧自缚。如果某项政策让许多穷人受益，却使一个富人受损，那么根据经济学使用的帕累托福利标准，这项政策干预就是失败的。这显然不对。所以在实际工作中，提出政策建议时通常会用常识判断来取代福利分析机制。但这又给我们出了一个难题：如何判断一项政策是好是坏？

第四节

现代经济对经济学的挑战

随着经济不断发生变化，福利经济学的空白领域也需要被填补。科技发展向来会涉及社会因素，即使像电力这样的传统技术，也花了半个世纪的时间才转变为更优越的生产力，因为这个过程需要进行很多配套投资，还需要重构工作和家庭的组织形式（David，1990）。在许多国家，由于与电力技术相关的政治条件和社会条件并不完善，稳定供电依然是个难题。

近年来出现的技术创新凸显了社会溢出效应及其重要性，例如，数字市场的网络效应、规模经济、数据积累和使用的外部性，以及经济地理学的聚集效应等。因此，当个体利益和集体利益发生矛盾时，市场失灵现象就会更频繁发生。涉及数字、基因或材料等前沿技术的复杂产品和服务，需要大范围合作、深度沟通和大量知识，还需要对有形和无形的基础设施进行大规模投资。而与此同时，新的商品和服务通常不存在竞争，因为它们可以同时被多人使用而不会被耗尽，这符合公共物品的典型定义。公共物品往往需要公共提供，前期需要投入资金，而一旦投入了资金，再使用这些产品便不会产生额外的边际成本，因此要在实践中收取使用费非常困难，在经济上也不合算。

在现代知识经济中，规模收益、外部性和非竞争产品的增长普遍存在。当技术革新迅猛发展、新的商品和服务快速流通时（就像现在），更加不可能存在固定消费偏好。即使是在相对稳定的时期，个人偏好也会受到当下流行趋势、社会因素或学习因素的影响。政府在公共物品研发、技术标准、技能等方面做出的协调工作，对市场的形成至关重要。上一代政治辩论中的"国家与市场"二分法并不能为现代经济提供有效的实证方法。虽然"无国无市、无市无国"的说法不假，但随着经济复杂程度的提高，国家与市场之间的相互依存关系已经大大增强。市场失灵的时候也是政府失灵的时候，因为这正是个体利益与集体利益矛盾最激化的时刻。

在福利经济学基础定理中，个人独立存在的假设与实际经济体中的个体相互依存之间存在脱节，这种脱节在今天数字经济的背景下日益扩大。安东尼·阿特金森（Anthony B. Atkinson）指出，尽管价值判断陈述在经济学中出现得越来越频繁，但早在20世纪60年代，经济学学生就已经不再学习福利经济学的内容，他提道："尽管现代经济学普遍涉及福利方面的内容，但我们已经不再进行深入探讨。"（Atkinson，2001：193）安格斯·迪顿（Angus Deaton）与阿马蒂亚·森的谈话也证实了这一点，他们认为至少从20世纪70年代开始，福利经济学就再没有了任何进展，一些经典文献（Little，1950；Graaff，1971；Sen，2017）也强调了这个问题："去现在的大学看看就会发现，大多数经济学院系都不再开设福利经济学课程，包括顶级的院系。这门学科已经消亡。"（Sen，Deaton and Besley，2020：16）Atkinson认为，经济学家必须明确考虑其经济模型会对道德标准带来什么影响。对公共政策选择做出的经济分析最终不是、也不应该是技术官僚式的分析。由于个体利益和集体利益往往存在矛盾，利益冲突不可避免，这也决定了我们必须对不同人群享有的经济福利进行比较，所以，帕累托标准其实并不具备现实意义。

过去一二十年来，主流经济学的发展在一定程度上表明，经济学对这些问题的认识在不断提高，其中一个例子就是制度经济学。制度的定义表示，制度会同时涉及不止一个人，这些人在某个时间和地点上共同存在。人们认为，在资源使用和资源分配方面，政府、公共机构、大学、公司、合作社、慈善机构、工会、家庭等制度都是达成集体决策的途径。制度也会受到多种因素的影响塑造，其中包括不对称信息和交易成本，这两个因素也是现代经济模型的标准特征；也包括社会偏好的形成，而这并不是现代经济模型的标准特征（Bowles，2004）。

举例来说，在经济学领域影响深远的博弈论旨在分析决策者之间的战略互动，它也承认人与人之间存在相互依存的关系。市场设计领域也同样关注决策中的相互依存性。在数字市场和金融市场的背景下，网络理论（network theory）得到大范围应用，其核心就是其他个体的存在和身份。数字市场研究和环境经济学一样，重点关注外部性因素（比如在线平台研究）。现代增长理论认为经济增长取决于知识溢出，即人们会互相学习。与此同时，人们对复杂性科学（Colander and Kupers，2014）和进化理论（Lo，2017）在经济领域的应用也越来越关注。

还有一个与福利经济学更为相关的例子：在发展经济学（Dasgupta，2007；Sen，2017，1970）和关于如何评估经济进步的大范围辩论中（Fitoussi，Sen and Stiglitz，2009），使用能力方法（the capabilities approach）评估社会福利已经获得了政策上的支持。近年来，无论是在决策还是竞选领域，欧盟委员会和经济合作与发展组织（OECD）等官方机构都对 GDP 以外的衡量标准——或者说超越市场结果之外的衡量标准——表现出了极大的兴趣。然而自 20 世纪 80 年代以来，技术官僚的本能和自由市场政治的遗留影响使得许多经济政策分析陷入了一个更为狭窄的方法框架中。早在几十年前，当现在的经济政策制定者还是学生时，他们就已经在心中内化了自由市场的概念。而这种情况之所以延续至今,是因为研究人员在进行科研时很少使用福利经济学的理论框架,这必然会影响他们如何应用研究成果。尽管近几十年来经济学研究发生了显著变化,相互依存的概念越来越受到认可,个人主义也在慢慢减弱,但福利经济学这一分支却没有跟上这个步伐。经济学的学科基础涉及整个社会的分配和结果问题,经济学家必须对此重新审视,否则我们对今天的政策问题能够发表的意见将非常有限。本章开头的三种实验说明,如果我们想理解经济决策"是什么",那么理解外部环境也非常重要。是时候放下对观察分析和价值判断的区分,开始思考外部环境对"应该怎么样"有何影响,同时,也要开始思考我们希望生活在一个什么样的社会中。

中场休息

第三章没有明确讨论政治环境的变化。2016 年，英国全民公投决定"脱欧"，特朗普赢得了美国总统大选。在西方各国的竞选中，民粹主义政党都获得了大量选票，即使是在败选的情况下。这种政治转向不会只有单一的原因，但经济疲软必然是其中之一：针对不同选区选票情况的研究发现，民粹主义选票大多集中在那些相对经济繁荣的大城市中心区域较"落后"的地区。"落后"这个词最近经常出现，而究其原因，这正是 20 世纪 80 年代去工业化改革的恶果。虽然收入和财富不平等加剧的问题发生在 20 世纪 80 年代，但随着有关"占领"运动的话题不断抢占新闻头条，托马斯·皮凯蒂（Thomas Piketty）的《资本》(*Capital*, 2014)一书大获成功，安妮·凯斯（Anne Case）和安格斯·迪顿在《绝望之死》(*Deaths of Despair*, 2020)一书中也翔实地记录了人们逐渐意识到抛弃某些地区反而会导致社会成本提高这一问题。于是，当下的政策重点又重新聚焦到不平等的问题上。毕竟对许多人来说，无论宏观经济统计数据如何，他们的生活并没有得到改善。

第三章　经济人、人工智能、老鼠和人类

不平等是一种政治现象，也是一种经济现象。OECD中各个经济体都经历了极其类似的发展过程，包括颠覆性新技术、人口老龄化、供应链全球化影响贸易与就业等，并且也都面临着程度不一的不平等问题。各国的劳动法、工会的作用、社会伙伴关系、税收政策和其他制度特征都因各自的历史和当前政治情况不同而有所不同。

然而，经济转型却使得各国都出现了相似的结果。位于"铁锈带"①（rust belt）的地区处境变得更加不利，因为要想掌握以知识为基础的新技术，首先需要拥有一些只有经过长期正规教育才能习得的技能，这在经济学术语里被称为技能导向的技术变革；其次，还需要大量的技术诀窍（know-how），这在经济学术语里被称为隐性知识，与书本上的知识分属不同类型。这些特点使得现在我们可以根据地理位置对不同的人进行分类。受过高等教育的知识分子越来越倾向于聚集在某些大城市的中心地带，如旧金山和硅谷，或是柏林、伦敦和巴黎等首都地区。阿尔弗雷德·马歇尔（Alfred Marshall）于1890年首次指出了"集聚经济"的现象，即工作和生产聚集在一起产生经济效益。从那时起，经济地理方面的不均衡性就日益明显。这也是在工业革命期间，维多利亚时代的伟大城市崛起的原因。数字技术和经济增长

---

① "铁锈带"指从前工业繁盛今已衰落的发达国家一些地区。——译者注

逐渐转向以知识为基础的活动,也称为"无重"(Weightless)活动(Coyle,1997),这进一步加剧了集聚经济现象,导致地理位置的不平等日益明显(Autor,2019;Moretti,2012)。虽然新冠肺炎疫情必然会缓解甚至扭转这一趋势,但具体能持续多久就不得而知了。

更重要的是,数字行业本身创造了巨额财富,而这些财富正逐渐聚集在极少数人手中。一些评论家将21世纪20年代与20世纪20年代的"镀金时代"(the Gilded Age)进行比较,因为这两个时代有着许多相似之处。旧金山象征着贫富之间的鸿沟:大量无家可归者坐在路边,而马路上,百万富翁和亿万富翁正透过车窗,冷眼看着路边的贫民和瘾君子(Chan,2017;Solnit,2014)。现在,针对科技财富和权力的政策辩论正在积极进行,重点在于少数巨头公司主导数字市场的问题。随着新冠肺炎疫情迫使人们将更多活动转移到线上,谷歌、亚马逊、苹果、脸书(已于2021年改名为Meta)、微软这些科技巨头公司的业务更是如日中天。

数字化正在重塑我们的经济生活和社会生活,早在20世纪90年代,我就开始关注这个领域,到现在已经持续了很多年。对这个领域的兴趣最早起源于1994年,我刚刚在《独立报》担任记者时的一次经历。当时科技股票市场的泡沫还没有出现,所以财经版内没有哪位资深记者有兴趣报道一家来自剑桥的小型科技公司 Unipalm 的首次公开募股（IPO）。这是英国第一家商业互联网服务提供商。当时我还不太清楚它的具体情况，但还是去了 Unipalm 公司通过公关公司租用的酒店套房，认认真真地观看了公司员工向投资者和财经记者做的业务演示。当时演示的亮点是一个网络摄像头，它展示了旧金山金门大桥上的交通实况。这个功能现在听起来可能微不足道，不过当时剑桥大学的一个咖啡壶通过摄像头在新出现的万维网上在线直播，就能成为风靡全球的大事件。① 回到 Unipalm 公司的话题，当时的演示让我大为震撼，立即感觉到这项技术前途不可估量，不过，我并没有震撼到马上去购买科技股票，而是针对相关内容写了一本书。

从那之后的二十几年间，我在经济学领域从事过许多不同工作，但一直都在密切关注数字经济的发展，也发表过许多文章，还从事过数字经济咨询工作，从监管视角进行市场分析，现在又把它作为我的正式研究领域。接下来的第四章引用了 2018 年我在剑桥大学就职演讲中的一些材料②，内容延续了上一章的讨论，即数字化迫使我们重新思考福利经济学，或者说，我们如何才能知道社会正在变得更好。这包括对第三章的社会福利和规范性的

---

① 参见维基百科：Trojan Room Coffee Pot，http://en.wikipedia.org/wiki/Trojan_Room_coffee_pot。

② 参见剑桥大学班内特公共政策研究中心，http://www.bennettinsttue.cam.ac.uk/publications/cogs-and-monsters/。

内容的扩展，进一步讨论如何衡量社会福利的进步，以及数字化造成 GDP 和社会福利之间产生了一个断层。下一章还将引入一个新问题：技术发展是否也迫使我们重新思考经济政策的有效性？在数字世界中，政府和市场的关系是什么？

第四章

齿轮与怪物

对公共政策感兴趣的人而言，有一些很少得到正面回答的根本问题："政策能改善现状"究竟是什么意思？政策应该实现什么样的结果？采取什么样的政策能够让某方面结果比其他方面更好？虽然这些问题可以使用狭义的经济术语来回答，比如针对竞争的政策应该促进或保护竞争，货币政策应该实现稳定的通货膨胀等，但这些回答其实已经事先假设了这些狭义的目标就是正确的目标，从而将真正的问题束之高阁。那么，这些目标如何使整个社会变得更好？人们又如何才能知道是否真的变好了呢？

经济学向来是公共政策讨论的核心，在这个领域，机器的比喻深入人心，并根植在经济学家的语言和思维中（Lakoff and Johnson，1980）。20世纪，人们使用菲利浦斯机器（the Philips Machine）来比喻整个经济体，机器中的齿轮与金属管道象征着经济体中存在的各种机械关系。当时的人们竟然天真地认为一台机器就能模拟整个经济体，不过，即使现在我们对经济的认识已经更加深入，学会了使用融入了不确定性、摩擦、预期、冲击和行为偏见等内容的模型，机器的比喻依然深深植根于各种经济政策中，比如我们常常提到的政策杠杆、联系（linkages）、因果关系等概念。如果让经济学家就其职业进行评价，他们也常常会将自己比喻成工程师（Roth，2002）和水管工（Duflo，2017）。

毋庸置疑，这个世界并不是一种机械的构成，人类也不是经济模型中假设的机器齿轮，然而矛盾的是，技术变革会持续推动经济、社会和政治变革，使得这个日益依赖机器进行运作的世界变得越来越不符合机器的特征，也越来越难以预测。中世纪地图上会标注一些有怪物出没的未知地区，现在的场景也好比在未知的地图上探索。今天的怪物就像波士顿动力公司（Boston Dynamics）打造的机器人和机器动物，怪异又狰狞。①

日常生活、商业和消费、社会关系和政治都在朝着数字化方向转型，这向我们提出了两个问题。第一个是个老生常谈的问题，不过现在需要新的答案：我们想要什么样的社会，以及如何衡量在实现目标的过程中取得的进展？第二个问题是，在这个非线性、无法用简单的因果来解释的复杂世界里，如何才能推动政策落地见效？

---

① 参见 https://www.youtube.com/watch?v=LikxFZZO2sk，https://www.youtube.com/watch?v=kHBcVlqpvZ8，浏览于 2018 年 10 月 18 日。

第一节

如何在数字世界中定义进步

接下来的故事要从数字技术开始说起。虽然数字技术带来的成果肯定不是全无缺点，但作为一种在经济领域广泛使用的通用目的技术（General Purpose Technology，简称 GPT），它的确起到了不少积极作用，比如促进创新、改善行为、推动经济和社会做出反应和重大调整等。随着人工智能（AI）和机器学习（Machine Learning）系统得到越来越广泛的应用，这种积极改变应该还会加速发生。新技术对经济和社会生活的影响无处不在，促使人们重新评估当前的经济分类和衡量框架，尤其是衡量经济增长的象征——GDP。虽然技术给生活带来的巨变随处可见，但这些变化在标准经济统计中却几乎无迹可寻。如果出于某些原因人们开始质疑 GDP 增长是否能作为衡量进步的标准，这也必然会引发对其有效性的质疑。质疑的理由有很多，比如 GDP 无法反映收入分配情况，无视那些有意义却无偿的工作，忽视了环境……这些不足也说明，经济学专家并没有实实在在地帮助改善普通人的生活。把 GDP 作为衡量政策成功与否的指标，这种做法使得一些重要的现象长期被忽视。所谓的专业知识，其实只是一种自我标榜的权威，认为自己有权对别人的生活指手画脚，因此，如果专家们不能兑现自己曾经作出的承诺，人们自然会挑战这种权威带来的约束。

我们一直从统计的视角来观测进步，但是这种视角已经被技术发展带来的结构性变化扭曲，需要一个新的框架来衡量进展。当经济和社会发生重大变革时，需要对衡量进步的方法进行反思，这重新敲响了一个古老却常被遗忘的警钟：虽然统计数据能够反映现实世界的一些基本特征，但它们永远无法与价值判断脱钩（Porter，1995；Desrosières，2002）。这种说法也适用于经济学家在现代政府中所发挥的影响，尽管他们总是声称自己的技术知识不夹杂价值判断，这一点在第二章已经进行过论述。

20 世纪 70 年代，当时的世界没有互联网，没有移动电话，没有个人计算机、平板电脑、智能手机，也没有诸如搜索、流媒体音乐、电影、电子邮件、短信等服务。那时的电话被固定在墙上，集中供暖还远未普及，在门厅里打电话时常常被冻得瑟瑟发抖，还要跟邻居共用一条电话线。唱片公司还在发行黑胶唱片，磁带作为替代品刚刚出现。去银行办业务意味着要到大街上排队。汽车还在使用有毒的、低燃烧率的含铅汽油，没有收音机和电动窗，没有安全系统，更没有内置 GPS 和空调。核磁共振（MRI）扫描仪还没有被发明，今天的抗癌药物也没有出现。白内障和静脉曲张手术还不属于门诊小手术。除了互联网和医疗制药方面出现了显而易见的重大创新，还有许多日常生活中的改进，比如用防风雨面料制成的户外装备、一次性隐形眼镜、不容易勾丝的紧身袜、随时可看的电视节目、节能灯泡……2008 年，智能手机、3G 移动网络和嵌入市场设计的算法相结合，更引发了划时代的变化。从此，无论是出租车行业，还是住宿、零售行业，许多行业都被技术发展所"撼动"。

这种范围广阔、意义重大的改革创新也发生在企业使用的设备及其运作方式上，包括整个供应链生产过程的自动化和即时生产系统的扩展。数字技术与人工智能和以前出现的关键技术一样，正在对经济进行全方位的重塑。如果 20 世纪 80 年代后没有出现信息和通信技术的发展，就不会有跨国经营的经济全球化，不会发生通过外包和精简层级（即减少中层管理人员）进行的业务重组，不会有数字平台等商业模式创新，也不会有按需服务和电子商务，更不会有社交媒体。

大规模生产经济在 20 世纪 60 年代达到顶峰，其转折点在 70 年代经济危机的衬托下尤为明显。到了 80 年代中期，保罗·罗默开始研究知识在经济增长中的作用，并发表文章阐述知识如何改变经济现象（Romer，1986a，b），他也因此获得了诺贝尔奖。在知识经济中，经济增长就像滚雪球，在雪球滚下坡的过程中会聚积越来越多的能量。这种规模收益递增普遍存在于信息技术和生物技术等领先领域。政策或其他的决定哪怕只是发生非常微小的变化，也可能使最后的结果发生巨大改变。即使是初期一个微不足道的细节，当它突然变得非常庞大时，就会出现转折点，比如数字平台。另外，还存在一种路径依赖的情况，也称"锁定现象"，意思是一旦确立了变革的方向，就几乎不可能改变轨迹，特别是在涉及嵌入技术标准和建立大规模客户群等情况下。

现在出现了越来越多不存在竞争性的商品和服务，它们往往是无形的，是基于一些想法打造的，例如软件，这种产品可以在不同程度上被许多用户免费复制，而不仅限于第一个用户；还有数据，它不会因为重复使用而耗尽。这使得数据在形式上成为一种公共物品，尽管人们也可以通过技术手段（如加密）和法律手段来禁止重复使用，比如广泛使用专利和版权等知识产权保护法来限制使用无形产品。①

一般来说，具备外部性或互补性的商品在进行集体生产和集体消费时，往往比个人消费更有用或更有价值。对大型数字公司

---

① 可禁止他人使用的公共物品称为俱乐部产品（club goods）。

第四章 齿轮与怪物

收集网民数据并从中获利的担忧,有一种回应是建议数据收集者向用户付费。这种观点认为,提供个人数据也是一种劳动形式,应该得到报酬(Arrietta-Ibarra et al.,2018)。然而,个人的注意力没那么值钱。这种个人主义的解决方案无法将社会价值进行分配,其中一部分价值被数字公司获取,它们将广大网民的个人数据汇总后再用来进行营销,或是出售给广告商获利。

然而,如果将数据限制在个别公司的服务器内,并将其视为"个人"数据,也无法实现其潜在的社会价值,这是因为总量的价值要高于个体的价值,而不同类型的数据相互结合产生的价值甚至更高(Coyle et al.,2020)。机器学习能够从各种数据中发现规律,比如人们的购物习惯、健康状况、网络浏览习惯和运动习惯等。人们从这些规律中获得的利益,远不是每个数字供应商单独使用数据可比的。人们常说数据是公共的,但公共的商品必须在使用上具有竞争性(每次只有一个人可以使用)和非排他性(不能阻止其他人使用);而数据则正好相反,其在使用上不具备竞争性,却具备排他性。事实正是如此:在一些数字市场中,这种非竞争性因网络效应而得到加强,即总用户越多,每个用户能获得的个人利益就越大。比如,像谷歌 Waze 这样的应用程序,它在计算线路时会使用实时交通信息,而其中大部分信息是由其他 Waze 用户提供的。也就是说,我们使用的数据越多,产生的数据就越多,数据质量也就越好。在这方面,社交媒体和搜索引擎也是很好的例子。数据越多越有利于发现有意义的行为模式，越便于将数字平台上的买家和卖家进行匹配。

这些特点与那些通过生产线统一打造、产品形态一致的大规模生产完全不同。虽然数字经济时代也有大规模生产，但这时生产出的产品会越来越多样化和个性化。例如，通过 Airbnb、OpenTable、Uber 和 Amazon Marketplace 等数字匹配平台，人们能够满足彼此高度个性化的需求及偏好。

从印刷到电力再到现在的数字经济，每一次重大创新都会创造巨大的价值，然而毫不夸张地说，这种变化在目前的经济统计框架中几乎没有任何存在感。新技术的发展带来了一个让经济学家十分头疼的悖论，也就是所谓的"生产力之谜"（the productivity puzzle）。大约从 2005 年至今，劳动生产率已经被拉平，劳动生产率即每小时工作创造的 GDP，也指测量不由使用额外资本和劳动力而引起国内生产总值增长的多因素生产率。然而一些经济学家却认为矛盾并不存在，他们认为现在所谓的技术创新只是炒作，其中就包括著名经济学家罗伯特·戈登（Robert Gordon）。虽然人为炒作的现象无疑大量存在，但也有许多人正在对统计数据进行深入研究，包括我本人，这些努力都是想进一步了解，在这个由 0 和 1 组成的"无重经济"快速发展的过程中，现在使用的标准经济统计数据是否能够反映它的真实情况。

第二节

政治算术

GDP 是衡量进步的标准，通常用于评估经济政策和建议，这里指的是根据价格水平总体增长作出调整后的"实际"GDP。用这种方法来衡量经济规模有很多缺陷，这些缺陷在 GDP 概念被提出以来的 70 多年中已经被反复提及。我不想在这里重复这些缺陷，不过最关键的一点是，这个概念起源于战争时期，将经济概念具体化为一个定义，显然不能用来明确衡量经济福利。在许多国家，人均 GDP 增长与许多人生活水平停滞或下降之间至少存在 10 年的差距。于是，一方面，批评者指出了 GDP 概念存在的一些缺陷，如新闻标题中的数字不能真实反映收入分配情况，认为经济福利过度看重 GDP 增长，甚至超过了对国家整体收益的重视；另一方面，来自科技领域和金融市场的批评者则认为，GDP 和生产力水平没有反映出数字改革的优势，因而导致其被低估。我们心里都很清楚，20世纪40年代的框架已经不适合2018年的经济结构，但接下来要使用什么标准，我们眼前还是一团迷雾（Coyle，2017）。

然而即使是批评者也会犯一个错误，认为实际GDP是一种衡量标准。"实际"就代表真实吗？事实远非如此，这只是一个概念而已。正如托马斯·谢林（Thomas Schelling）指出的："我们所说的实际标准其实并不完全真实，只有货币标准才是真实的，而真实的其实是假设的。"（Schelling，1958）

衡量经济进步的难点之一，就是如何将不断涌现的大大小小的创新纳入考量范围。Schumpeter（1994）有一个著名的观点，他认为创新是资本主义经济的决定性特征，因为大多数公司其实都是通过创新与对手展开竞争，而不是价格。新的商品不断问世，这些创新显然改变了人们的生活质量，甚至也包括数量。然而当我们说"1978年的平均收入相当于2018年的3万美元"，意思是1978年的普通人在今天能有3万美元用来购买1978年的商品。[1] 价格指数这个概念衡量的是维持消费者效用（即满足消费偏好）的价格变化，这意味着必须在相同的商品和服务组合中进行比较。然而1978年还没出现iPhone，所以1978年的普通人

---

[1] 这里是用拉斯佩尔指数（laspeyres index）进行计算。如果使用费雪理想指数（fisher ideal index）进行计算，结果应是一个概念性的商品篮子，而不是2018年或1978年的实际篮子。

不可能在衣服和公交车费上节约开支来购买 iPhone。在实际工作中，统计部门会使用各种技术将新出现的商品纳入价格指数，同时排除旧的商品。

即使商品只是逐渐改进，不考虑划时代的创新，也会存在一个问题。我们一般只对销售价格和销售数量两个指标进行观测，但实际上有三个指标发生变化，第三个指标就是商品质量。如果同样多的钱能买到的面包数量变少，显然说明面包价格上升，反之亦然。但如果是汽车这样的商品，我们就不会把尺寸或重量作为评估价格的唯一标准，而是会考虑汽车技术的改进是否使运输服务质量有所提高。价格指数如何反映同样的价钱现在能买到质量更好的汽车、计算机和洗衣机？原则上，统计学家可以使用"享乐方程"（hedonic regressions）来估算质量提高的相等价值，但在实际运用中，这种算法只适用于少数产品，比如计算机。

尽管存在以上种种问题，但实际 GDP 增长还是为人们描绘了一幅大致的发展图景。经济史学家已经绘制了一个过去一千年间的 GDP 统计数据图，图上显示，人们的生活水平在前几个世纪中缓慢上升，在文艺复兴时期稍稍加快，在 18 世纪末掀起了一个高潮，之后开始爆发式增长。这一千年间的变化被称为"曲棍球棒"式增长，这种增长趋势与过去一千年人类的预期寿命、婴儿死亡率和健康指标的统计数据增长情况相当一致（当然生物性决定了这种增长必然有限制，而不是理论上可以无限制增长的统计结构)。

然而,"创新是经济进步的根本原因"这种观点也意味着统计数字大概永远无法说明全部的情况。比如,我们不可能完全用金钱来衡量医疗保健水平提高所带来的生活质量提高。这就都需要一种完全不同的方法来进行计算和衡量。约翰·希克斯(John Hicks)声称:"经济学研究的是事实,并将事实以某种方式排列,使得人们有可能从中得出结论……正确排列的事实胜于雄辩,否则它们就如行尸走肉,没有任何意义。"(Hicks,1942)这种论调与本书第三章的观点相矛盾,我在第三章已经论述过,"证据和价值可以分开"的想法是完全错误的,统计数据、经济数据也是如此。"数据"(data)一词源于拉丁文,意为被给予的东西,但数据不是被给予的,而是被制造的。"量化记录能让我们看得更远,但前提是我们必须牢记,数字能让我们看到什么,又掩盖了什么。"(Rosenthal,2018)我们只能看到被衡量的,也只能衡量我们能看到的。

可以肯定的是,虽然数据与实际行动及结果的确有关系,但数据的构成有其历史因素,包括各种各样会影响分析、定义和分类的政治选择(Porter,1995;Tooze,2001)。这不仅仅是相对主义的问题,更是因为人们一直以来习惯使用的定义本身就会变成焦点,让人忽略了构成社会的一个个活生生的人,这也是第一章中描述的自我指涉现象的一个例子。正如阿兰·德罗西耶

（Alain Desrosières）所说："用来定义对象的惯例会改变现实。"（Desrosières，2002）因此，统计数据的确有可能改变结果，也可能会带来政治方面的挑战，甚至最终会形成一个新的框架和一套新的惯例，用以定义并创造数据。

举个例子，如何定义和测量通货膨胀一直是统计辩论最为激烈的话题之一，因为它直接影响社会不同群体间的资源分配。如前文所述，当消费者习惯、商品服务的性质随着时间推移发生巨大变化时，要创建一个价格指数确实存在技术上和概念上的困难。但这也是一个政治经济学问题。历史学家托马斯·斯泰普福德（Thomas Stapleford）对美国的情况进行了追踪研究，他认为要找到一个"客观的"生活成本指数实质上是尝试将政治问题非政治化，以提供一种"技术性"的社会价值分配方式（Stapleford，2009）。工会要求加薪是否应该得到满足？领取养老金的人是否应该得到更多的社会福利金？在这些问题上，根据经济科学构建的价格指数显然可以提供理智客观的答案。换句话说，它可以把规范性问题伪装成实证性问题。

当实际的统计数字结果不能让政治辩论中的任何一方感到满意时，可能会委托第二方对研究结果进行方法审查，这其中最著名的是美国的博斯金委员会（Boskin Commission）。该委员会在其1996年的报告中特别关注了创新和质量改进的问题，最后得出的结论是，通过消费者价格指数（CPI）计算衡量的通货膨胀率每年被夸大了0.8到1.6个百分点。这个结论意味着，工人不需要大幅调薪，福利金也不需要大幅调高，人们就能维持稳定的生活水平，因为现在同样多的钱能够购买到更新、更好、更便宜的产品。该报告一出台就立即被视为一份政治性文件。一位知名评论家写道："委员会的调查结果被拿来当作经济目的的遮羞布，这将对中低收入家庭造成损害。修订消费物价指数可以使共和党摆脱削减赤字的困境，同时增加企业的利益，然而这一切是以牺牲美国工人和老年人的利益为代价的。"（Palley，1997）

在英国，在关于应该使用零售价格指数（RPI）还是消费者价格指数（CPI）来提高某些物价和福利金的辩论中，也存在类似的资源分配争论。人们对这两个统计数字的认识一直存在分歧，主要是因为二者的构建方法不同。经济学家认为CPI作为衡量标准更为准确，但使用RPI不仅有其历史原因，在某些情况下也是合同明确规定的要求，比如与指数挂钩的金边债券支付。行政官员们在计算福利金时用CPI替代了增长更快的RPI，以便为政府节省一些开支，同时将学生贷款利率和啤酒税等收入与RPI挂钩。这也是统计学界争论最激烈的方面。

技术性统计结构中存在内在利益冲突的另一个例子是贴现率的选择。贴现率旨在将现在的利益与未来的利益进行比较，利率越高，说明现在的利益越优先于未来的利益。18世纪初，《联合法案》（the Act of Union）出台，英国人为了拯救经济不得不向苏格兰支付款项,在当时计算"等价物"的背景下,贴现率的概念被明确引入政治辩论中。对此,威廉·德林格(William Deringer)写道:"它对后世利益近乎置若罔闻,这种怪诞的主张与当时许多英国人对未来的价值观发生了激烈冲突。"(Deringer,2018)当时,人们就如何计算现金流贴现率的辩论愈演愈烈,最后甚至成为辉格党和托利党之间政治斗争的一个前沿阵地。正如一直秉持怀疑态度的大卫·休谟所说:"每一个就这个问题进行过思考的人都是通过事实和计算来证明自己的理论观点,无论这个观点内容如何。"(Hume,1784:328)

贴现政治的另一个例子是2007年发表的《斯特恩评论》(*Stern Review*),内容与气候变化相关。这份评论在估计未来气候变化的损害成本时,采用了较以往大大降低的贴现率,其结果是未来成本估算大大提高,需要立刻采取紧急行动。斯特恩明确表示,由于每个时代的人都同样值得关注,因此,要牺牲未来几代人福利的做法完全没有道德依据,于是他使用了1.4%的贴现率。在随后进行的高度技术性辩论中,一些经济学家赞成使用更常用的6%的贴现率,这意味着他们更看重当代人的福利。如果我们想在经济衡量框架中体现可持续性,将自然资产等纳入社会的综合资产负债表,利用贴现率给未来定价是一个无法回避的道德选择。

以上提到的GDP、通货膨胀和贴现率的例子都说明统计概念会影响分配,这从来都不仅仅是技术性问题。经济计量学奠基人之一威廉·佩蒂(William Petty)将统计学称为"政治算术",这一表述十分恰当。上一章讨论的区分观察分析与价值判断的习惯做法,实际上在经济理论化或经济分析开始之前,就已经随着经济数据的收集被打破了。不过,标榜客观中立确实有助于提高经济学对政策制定的影响:所有政府核心部门都有经济学家,有强大的经济监管部门,更不用说中央银行;企业也会雇用经济学家来游说政府。因此,现代资本主义的组织方式实际上是经济学家之间的对话。可是放眼今天的世界,全球金融危机和新冠肺炎疫情暴发后,巨大的经济不平等问题暴露无遗,这种组织方式带来的后果着实令人担忧。

毫无疑问,经济学给世界带来的影响正在受到质疑,这种情况几十年来还是首次发生。迈克尔·戈夫(Michael Gove)曾提出一个饱受诟病的论调:"这个国家的人民已经受够了专家。"这种说法实质上是一种价值判断,而不是针对经济学家的专业知识。许多人都加入了批评者的行列,经济学家也开始感到不安,有一个优秀的组织甚至发起了"经济学家究竟做什么"的话题,试图向社交媒体和世界说明,我们从事的工作的确对世界很有意义。

毫无疑问,我们的当务之急是重新思考进步的定义和衡量方法,但目前的经济统计数据正在限制着我们的视野和政策行动。

第四章　齿轮与怪物

这其中部分原因是时效性。产业与职业的细分对制造业产生了大量的细微影响，却对现在占发达经济体约五分之四的服务业几乎没有影响。进行劳动力统计时会假设所有的工作都是固定的全职工作，这在很大程度上忽视了劳动力市场的临时性。政治家和评论家很容易就能得到不同群体收入分配和不同地区财富分配的统计数据，但这些数据的实际意义非常有限。由于官方统计必须使用统一定义，因此不可避免地会滞后于经济结构的变化。1885年英国的《年度统计摘要》有100多页的农业细节记录，比如不同集镇的农作物价格，或某一类种子或牲畜的进出口情况。其中还用10页记录了工业革命的各种标志性产物，比如采矿场、铺设好的铁轨、棉纺厂和运河。而这时，狄更斯已经去世，距离布莱克写下黑暗的撒旦工厂也已经过去了80年。这并不是说没有人知道当时英国正在经历的变化，议会报告填补了这一空白，被称作"蓝皮书"。在最近一部关于美国进步的历史作品中，伊莱·库克（Eli Cook）将这些特殊调查称为"道德统计数据"（Cook，2017）。这种调查可以作为政策调整的基础，但它并不像常规的官方统计那样，能够为日常政策提供支撑。

我与曾经的合著者对数字经济进行了一些研究，其中包括电信服务质量调整和数据量调整的价格、企业使用云计算的范围和价格、数字创新引起的从市场活动向无偿家庭活动的转变、共享经济等内容，以及大公司使用外包制造商的情况（这些大公司看起来像是大型制造商，但主要经济活动是创新和服务）。在上述研究中，基础数据的缺失都是一个障碍。官方统计人员正在逐步调整问卷调查内容和数据收集方式，以填补这些空白。

然而，衡量的困难不仅仅在于不了解电子游戏行业的就业人数，或是使用比特币进行交易的比例。经济统计数据将世界纳入了一个哲学框架。现在使用的国民账户体系被誉为"20世纪最伟大的发明之一"，GDP（或者说它的前身 GNP）概念的提出甚至被认为帮助同盟国赢得了第二次世界大战，因为它为同盟国提供了一个更精确的估算方法，对国家生产能力和消费需求进行了更准确的估计（Lacey，2011）。GDP 框架与凯恩斯主义宏观经济学共同发展，这种模式的形态正是由前文所述的菲利普斯机器及其管道和阀门演变而来。它的重点是当前时期的收入、消费、投资和贸易流动，其哲学基础是功利主义，资产和储蓄只不过是被动的水库。在这个框架里，自然因素在很大程度上并不存在。同样，社会形式方面的变革也不存在，例如如女在战后离开劳动力队伍，或从20世纪60年代中期开始再次加入有偿劳动队伍，以及高等教育的普及等。同样，创新也不存在。所有的变化无论好坏，要么被塞进国民账户框架，要么被选择性无视。

我们想要寻找一个能够真正代表经济社会进步的框架体系，来替代现行的框架体系。阿玛蒂亚·森的能力方法在经济学界具有很大的影响力。2009年，斯蒂格利茨 - 森 - 菲图西（Sen-

Stiglitz-Fitoussi）委员会建议从采用单一指标（即GDP）转向"仪表盘"式衡量方法。虽然报告没有说明"仪表盘"有哪些具体组成部分，但这在统计界和政策界引起了重大反响，让人开始认真思考"超越GDP"的生活是什么样的。一些国家已经开始对福利、环境账户以及更宏观的福利框架进行衡量和报告，然而各国的具体做法仍存在巨大差异，也没有坚实的理论结构能够形成广泛共识，所以各种缺陷依然存在。此外还有一点需要注意，"仪表盘"意味着需要操作者，也就是说，这个比喻仍然默认了那种自上而下、置身模型之外的视角。在对政策和政客进行评价时，很大程度上仍然是通过传统的衡量方式来判断其表现如何。

给出能力统计形式的概念，需要对不同类型资产的获取情况进行衡量。这个领域的工作需要先将资产进行分类：金融、物质、自然、人力、社会和无形资产。但是，要想把这些宏大的概念通过可计算的方式确定下来，包括对不同群体、地点、个人获取情况进行衡量，还有很长的路要走。这方面也不乏挑战。现在进行资产评估需要考虑相关资产的未来用途，所以对资产的关注必然包含可持续性的因素，而这个因素要转化为统计数据并不容易。

不过，大量的社会科学研究文献告诉我们，这些资产在某种形式上对最后的经济和社会成果非常重要。例如，当酷暑来临时，社会资本对脆弱的个人而言有可能意味着生死之别（Klinenberg，2002）；人们的社会关系网络会影响就业机会（Granovetter，1973）；公司的股票市值及其投资机会和活动机会，取决于公司声誉和无形资本，在许多资产负债表上，"商誉"（goodwill）也是一项主要资产（Haskel and Westlake，2018）。经济学家认为，实现发展和增长的一个重要因素就是平时所说的"制度"，也就是经济体中所有集体规则和规范的简称（Acemoglu and Robinson，2012）。然而这些概念的定义还不够严谨，导致它们无法被准确测量，这对实证社会科学研究构成了挑战，而这种测量困难也不同程度地存在于其他能够对经济结果起到重要影响的资产类型中。如果我们要认真对待这些理论（如果政策制定者要根据这些理论采取行动当然更好），要为那些受到决策影响的人们提供更好的结果，就需要证据来对这些理论进行证实或证伪，也就是说，我们需要先确定这些概念，然后针对确定的概念收集相关统计数据。

我们也可以考虑其他衡量社会福利的方法。现在已经有相当多的计量经济学研究通过问卷调查或日常记录直接衡量"幸福感"及其相关决定因素。这些研究的结果有的比较直观，也有的不太直观（比如不同年龄层的幸福状况、高等教育的影响）（Clark et al.，2018）。目前经济学的一个新兴研究领域是如何利用时间，毕竟时间是最终极的限制资源，而数字技术使得重新分配时间成为可能。对占经济总量五分之四的服务业来说，或许时间能够替代"产出",成为更合适的衡量标准。有些情况下缩短时间可以反映服务提升(比如乘坐公共汽车的时间),而有时候延长时间反而更好(比如重症监护室提供的护理时长)(Coyle and Nakamura,2019)。

第三节

此处有"怪物"

前文提出的问题是"我们如何知道经济转型是否取得了进展",接下来要讨论的问题则是"经济结构变化给经济分析带来的挑战"。

金融危机给世界造成的负面影响挥之不去,在这个背景下出现对经济学的质疑浪潮不足为奇。新冠肺炎疫情后经济将继续疲软,一些人将面临债务和失业问题,可能需要靠食品银行接济才能过活。短短十几年间发生两次经济灾难,让人们更加质疑我们所说的经济进步究竟是什么意思,经济学家在经济进步中究竟有没有发挥作用。同时,更严峻的挑战也迫在眉睫。一个是去全球化的势头,另一个是气候变化和生物多样性下降带来的影响。

除此之外,人们也越来越关注经济领域的下一个挑战:自动化浪潮正在席卷如今还未受影响的经济部门,包括法律和会计等

第四章 齿轮与怪物

专业服务领域。数字技术、机器人技术和人工智能技术的发展正在改变人们的工作方式,常规任务逐渐变成自动化,非常规的工作则由人类负责。目前我们还无法准确预测这些变化,但在未知的领域里,"怪物"的确存在。20年后,机器人会不会抢走人类一半的工作?(Frey and Osborne,2017)机器人的所有者会不会变得越来越富有,而更多人只能从事朝不保夕的低收入工作?

这些问题给扮演着专家角色的经济学家带来了严峻的挑战。正如前几章所述,经济研究在过去几十年间取得了重大进展,但我们仍然缺乏理想的工具来模拟当前的经济,当然也无法教导下一代的经济学家如何分析和管理转型后的数字经济。传统经济方法需要进行的改革之一就是摆脱分析模型。即使现在最新的研究成果已经考虑到不确定性、不完全信息、"行为"假设和摩擦因素,但将个体视为机器中的齿轮仍然会给经济研究带来阴影。我们渴望找到一个可以通过方程式呈现的最佳答案,然而数字经济的特点意味着经济结果往往会变成自我实现或自我颠覆的预言,且充斥着各种不确定性。单单指责经济学的线性思维,忽视反馈环路的雪崩效应,这种做法也许并不公平。这次新冠肺炎疫情带给人类的经验也足以证明,对包括政策制定者在内的许多人而言,要想在巨变的时期认清形势究竟有多困难。

非线性现象往往与人们的直觉不符,曾经的"千年虫"事件就是一个例子(也叫两千年问题,英文简称Y2K),最近,这件事又意外地重新回到了人们的视野中。2000年临近时，计算机界突然意识到，为了节省内存空间，年份通常只被编码为最后两位数字，于是许多计算机系统会把2000年理解为1900年。这种编码方法已经被编入操作系统内的许多软件中，又随着时间推移积累了不同的代码考古层，这将带来无法估测的危险后果。到了1999年年底，人们每天都会看到耸人听闻的新闻标题，比如午夜时分飞机会从天上坠落等。可是当午夜时钟敲响，《友谊地久天长》的音乐响起时，却什么也没有发生。难道一切都只是炒作？支持英国脱欧的主要政治家雅各布·里斯莫格（Jacob Rees-Mogg）认为事实确实如此，他在2018年发推特说，英国脱欧不是什么如临深渊的险境，就像"千年虫"灾难一样，危险根本不存在。这一言论让软件工程师怒不可遏，因为他们花了两年时间给系统重新编码，才使得"千年虫"灾难免于发生。只有人们真正重视灾难，灾难才会消失。

另一个能够说明需要采取不同方法制定政策的例子是"关门运动"。冬天走在大街上，你会发现许多商店的大门敞开着，许多热量会通过门口散发掉。无论从环保的角度还是从商店节能角度来看，这都不是一个好现象。那为什么商家还要这样做呢？这是因为如果每个竞争对手的门都开着，只有自己的门关着，商家就会担心购物的人不进自家商店，这种担心超过了节电减排的意愿。除非其他商店全关门，否则没有一家商店会先关门。这就是一个典型的协调问题。这项举措的目的是协调各商家的行为，在大街上关门的商家达到一定数量之前不可能成功。规定禁止开门，也能达到同样的效果，而且更有效，因为商店不能违反规定。但是当我试图向白厅有关部门的经济学家解释这一点时，他们感到非常困惑。协调性政策并不是他们分析工具库中的一个标准工具，然而在新技术、新产品不断涌现的时候，通过制定技术标准使投资者和企业的行为保持一致，从而创造大型新市场，这种做法至关重要。而在这方面，协调性政策能够产生非常大的影响。例如，欧盟在1987年制定了全球移动通信系统（GSM）标准，在10年内就产生了一个基于共同标准的网络设备和移动通信的巨大全球市场。如果没有制定这个统一标准，就会出现分裂对立，或是不同标准之间的相互竞争。虽然最终也会有一种标准胜出，但构建网络以及移动通信在发展中国家不断普及所带来的各种进步，都会产生巨大的机会成本。所以，我们现在就需要为正在经历发展创新的各个领域制定行业标准，如自动驾驶汽车、大数据、智能城市网络等相关领域。

大多数经济学家都有这样的共识，但总体而言，除了近乎机械化的分析思考，经济学家对政策方面的思考还远远不够细致。假设有一只烈性犬攻击了婴儿，相关部门决定出台规定禁养烈性犬。那么，如何定义烈性犬呢？首先要制定一份相关品种列表。但是制定规定的人不会想到，斗牛犬的主人可能会让斗牛犬与其他品种杂交，以此避免爱犬被定义为烈性犬。同样，相关部门列出具体的应税利益、金锭或名酒等名目，但金融部门总能想到各种办法让人们获取收益。也许我们应该责备的是政客，而不是经济学家。不过就像第二章所讨论的，传统的政策制定很少考虑到，人们的行为在受到政策限制时会做出可预测的调整，无论是"理性"还是"行为"的调整。最后，这些调整通常被称为"意料之外的结果"。虽然这些行为确实有可能在意料之外，但它们并不总是"不可预见"。在这个充满自我实现，甚至出现操演性结果的世界里（参见第一章），想要维持经济专家置身社会之外的视角，通过自上而下的善意和客观拉动经济杠杆，越来越不可行。

在政策设计的过程中，存在一种几乎固定的算法：明确一个问题、收集证据并加以分析、设计一个政策来纠正这个问题、引入适当的监管或立法。这个过程中，收集证据阶段引入了人类心理学的规律，第三阶段引入了行为学研究，这些都使得这个算法得到了提升。不过在实践中，政策算法可以被改变，以合理化其他根据非分析性原因做出的选择，比如意识形态信仰、短期政治需要、不断变化的社会规范、权力动态、媒体或社交媒体的呼声，以及宇宙的普遍随机性等因素。为了追求更好的结果，要对政策设计进行改进，无论我们最后决定如何定义和衡量，都需要进行更多反思，也要认识到分析对象可能会像《爱丽丝梦游仙境》中的火烈鸟和刺猬一样，出现交互行为。这意味着要考虑到在经济监管和货币政策等由技术专家主导的领域，社会规范如何变化，动态现象如何自我实现或自我颠覆，以及叙事会如何影响这些动态进程等。政策制定者需要思考领导力和象征意义的作用，以及如何协调个体决定，用博弈理论的话来说就是如何设计游戏规则（将自己视为玩家）、设定焦点，而不是在特定的游戏中激励行为（不将自己视为玩家）。

如果将经济学家比作工程师或水管工不够恰当，不妨将其比作说故事的人吧？我们使用经济统计数据来讲述整个经济体的故事，数字上的细微修改都会改变叙事的内容，这种情况经常发生。例如在1976年9月，当时英国正在申请国际货币基金组织紧急贷款，时任英国财政大臣的丹尼斯·希利（Danis Healey）在去处理危机的路上突然临时折返。触发这一紧急状况的原因是国际收支和政府借贷双赤字的统计数据出炉，结果令人绝望，这也表明英国战后长期缺乏竞争力却一直没有找到有效的应对措施（Roberts，2016）。对此，国际货币基金组织自然坚持将大幅削减公共开支作为贷款条件，于是，相应的紧缩政策使得工党政府在度过了一个难挨的"不满之冬"后陷入困境，为撒切尔夫人参选首相和撒切尔主义的盛行铺平了道路。不过最新公布的数据显示，那一时期的经常项目赤字和预算赤字在GDP中的占比并没有人们认为的那么高；实际的经济周期也没有当时的统计数据说的那么明显。虽然当时的经济无疑是处于混乱状态，仅凭统计数字大概也无法改变历史进程，但这样完全相反的事实确实令人惊讶。1996—2012年，英国官方GDP统计数据曾进行数次修订，这些修订成功地将1995年历史数据中记录的1955—1995年的10次经济衰退抹去了3次（Berkes and Williamson，2015）。

当然，同样的数据也可以讲述完全不同的故事。2015年3月30日，2014年第三季度GDP增长数据公布，这也是2015年英国大选的第一天，当天《每日电讯报》的标题是"2014年英国经济实现9年来最快增长"，而《卫报》的标题则是"数据显示了20世纪20年代以来最缓慢的经济复苏"（Khan，2015；Allen and Watt，2015）。随后，全球金融危机后明显发生的"二次衰退"在最新统计数据中被修正掉。

叙事经济学的想法已经得到了许多人的支持，同时，作为政策要素的叙事在其他领域也已经出现，如自然科学和人工智能领域。Shiller（2017：967）将经济叙事比作流行病暴发，认为这是一种对精神的感染。他写道："经济学研究领域应该扩大，包括加入对不断变化的流行叙事进行严肃的定量研究。"他还补充道："叙事可能只是建立在不同程度的真实性之上。"同样，乔治·阿克洛夫和丹尼斯·斯诺尔（Dannis Snower）也提出，无论是传统经济学还是行为经济学，都没有就经济发展方式提供具有实证有效性的解释说明，而考虑叙事的作用至少可以说明众多不确定结果中的一种现实,因为叙事方法具有多重作用,包括教导社会规范、塑造个人身份和动机、促使人们做出决定等(Akerlof and Snower,2016)。

对有些人而言,将经济学家比作讲故事的人或叙事的解读者不太容易理解,那么还有一种方法可以解释为什么分析者无法置身于模型之外。2018年,卡西克·巴苏(Kaushik Basu)出版了《信仰共和国》(*The Republic of Beliefs*)一书,采取博弈理论的方法,将规则制定者和执行者都视为玩家。这种方法表明,制定政策涉及两种任务:既要影响游戏的焦点,也要在政策设计中考虑到决策者和专家的激励措施和行为。这体现了托马斯·谢林作品中关于战略性政策设计和自我强化干预的精神,比如每个人都有动力遵守交通灯规则(Schelling,1960,2006)。这种博弈论方法让人们明确意识到制定政策需要双重考量:既要影响游戏的焦点,也要考虑政策的可执行性。

最后,要回到本章一开始提出的问题,也就是技术。即使人工智能现在还处于早期应用阶段,我们已经不得不开始认真思考,我们想要一个什么样的社会?这种思考也会对政策制定产生深刻的影响。

人工智能这个词的使用比较宽泛,有时也包括所有通过算法进行的决策。不过,使用特定算法编码进行的决策和机器学习系统产生的决策之间,存在一个关键的区别。有些问题虽然需要进行大量计算,但可以通过分步指示的方式告诉机器,再由机器来解决这些问题,之后也不必费力解释决策的理由。但是,还有些问题并没有现成的解决程序,这类问题在政策领域更常见,比如为什么有些学校成绩不理想、什么原因导致肥胖症患者增加等。经济学回答这些问题的方法是针对有可能导致问题的原因进行建模,并使用计量经济学工具对假设进行实证检测,但我认为在以上两种情况下,始终不可能针对一个明确的政策解决方案达成共识,因为这些问题都涉及复杂的环境,存在许多潜在的促成因素。机器学习或神经网络方法使用最简单的解释结构和大量数据,并且有一个明确的目标。通过这种方式产生的决策或许会对实现目标非常有效,但在本质上很难进行解释。如果我们能够解释这类模型,那么人工智能就没有用武之地了,因为它最适用的地方恰恰是人类不知道答案的领域。

对这种"黑盒"式的解决方案,政策制定者天然带有抵触情绪。个中原因不难理解,人工智能在数据生成过程中是否能稳定不变,数据是否会导致偏差,这些问题确实应该引发担心。除此之外,法律责任和政治责任也同样重要。举例来说,如果大部分决定都由机器学习系统做出,那么法官是否还需要对司法判决和假释决定负责?如何在机器的目标函数中对各种结果进行权衡?要将目标明确转化为代码,是否会与政治世界中重要的妥协因素相抵触,使得实现目标变得更加困难?(Coyle and Weller,

第四章 齿轮与怪物

2020）同时，这些问题也让我们不得不思考，我们是否掌握了正确的反事实：现在的政策决定和结果是以一种可分析、可解释的方式进行的吗？还是说情况正好相反，这其实涉及一个非常复杂且难以解释的过程？如果是这样，那我们是该信任社会中不完美的人，还是该信任能力超群且绝对公正的机器？

最重要的是，我们应该在代码中写入什么样的目标？人工智能正在向人类发问：我们究竟想要一个什么样的社会？就目前而言，机器和"经济人"一样追求效用最大化，但却更有力。机器的高效有目共睹，但机器决策中不可避免地嵌入了人为施予的偏见。这些问题迫使人们认真思考政策制定的目标，究竟什么样的结果才算是更好的结果。这些问题也迫使人们认真思考，在这个决策权逐渐从人类下放至机器的时代，整个社会希望实现什么目标。

中场休息

第四章提出的问题是,经济进步究竟是什么意思?近年来不断发生的事件让弄清这个问题变得越来越紧迫。我们正在经历颠覆性的技术变革,在线服务给人们的生活带来了巨大的便利,但社交媒体也让我们看到了前所未有的阴暗面,那么这种技术变革究竟是促进了人类进步,还是阻碍了人类进步?新冠肺炎疫情后常常出现的口号"重建更好的经济"(building back better)究竟是什么意思?

疫情导致的经济后果使得当今社会的割裂和病态暴露无遗,人们看到了各种不平等的现象。许多人工作条件极其恶劣,无法进入公园享受绿色空间,或是呼吸到无污染的空气;有的政府公共服务资金不足,应对紧急情况存在体制缺陷。而这些只是现实残酷世界的缩影,人们对于"更好"的世界有真切的需求,而那种"回到从前"的愿望或许只是镜花水月般的美好幻想。

现在的经济衰退凸显了一些西方经济体长期存在的经济弱点。自21世纪以来,OECD国家的生产率几乎没有增长,英国的家庭收入中位数停滞不前。2017—2019年,最贫穷的五分之一人口的收入甚至还有下降。美国的家庭收入中位数直到2016年才恢复到2000年的水平，随后又出现了下降。

经济表现不尽如人意，也有地理方面的因素：对大城市中受过良好教育的劳动者而言，生活水平大体上有所改善；而对居住在偏远地区的人来说，他们的家乡则被甩得越来越远。公共服务紧缩又进一步加剧了这种差距：在偏远地区，各种设施条件持续落后，比如地方医院、商场、娱乐中心等（Algan, Malgouyres and Senik, 2020）。不同地区的卫生条件也有显著差距，而疫情已经向人们展示了这种差距所导致的严重后果。要在富裕国家中使落后地区的经济赶上繁荣地区的经济，这个挑战非常艰巨。

在卫生和经济方面发生紧急状况的时候，恰好也是经济结构发生明显变化的时刻，驱动因素包括技术发展、人口分布、全球化和当前的地缘政治逆转。由于现有的统计数据未能充分反映数字经济的发展情况，包括我本人在内的经济学家和统计学家一直在努力完善数字经济的衡量方法。目前，国民账户体系（System of National Accounts）这个国际公认的定义正在进行定期修订，预计将于2025年完成，此次修订将对数字经济活动的衡量方法进行大刀阔斧的改革。而科技驱动的变化主要有两方面：一方面，现在衡量物价上涨的方法可能忽略了人们正在使用的免费手机应用程序，例如使用智能手机拍照并在网上分享，就不用购买相机胶卷、付费冲洗照片；另一方面，数字经济可能进一步加剧了财富和权力的不平等。针对新一轮自动化进程可能会对就业与收入产生何种影响，学界已经进行了大量的研究（Barbieri et al.，2019），不过研究结论各不相同，有的研究发现这可能会对就业产生积极影响（Acemoglu and Restrepo，2019），也有的研究认为这会侵吞近一半的现有工作岗位（Frey and Osborne，2017）。所有的新技术在刚出现时都会引起人们的恐慌，这种恐慌会持续到它们发展到不可或缺为止。"科学怪人"这个银幕形象就诞生于电力刚出现的时期，而维多利亚时期的人们甚至认为电力会杀人。

如何理解经济变化以及如何衡量不同群体的状态一直是公共辩论的话题，疫情使得这些问题变得更加迫在眉睫。如果过去10年间我们使用与传统GDP增长不一样的视角，我们对经济进步一定会有不同的认识。我们会意识到，不同地区和不同社会人口群体之间收入增长存在巨大差异。我们也会知道，人类为了维持现有的生活方式而破坏生物多样性、改变气候，已经消耗了多少自然资本。我们还会更清楚地看到，数字平台的出现给人们的日常生活和商业模式带来了翻天覆地的变化，同时也更清楚地认识到它们带来的弊端。政策制定者正在努力跟上时代发展的步伐，试图驯服这个力大无穷的"数字巨兽"，具体方法包括：制定更严格的竞争保护政策；通过立法保护隐私，预防网络伤害；对使用人工智能有争议的领域进行监管，比如面部识别技术等。

人们已经从自身经历中真切地感受到这一点，也比从前更渴望了解什么才是"进步",以及"重建更好的经济"这个口号里的"更好"是什么意思。英国在新冠肺炎疫情期间的民意调查显示,约有三分之一的英国人认为政府应该对现在的经济运行方式进行重大变革。这种对变革的渴望,以及对整体社会健康而非少数人财富的关注,在千禧一代和 Z 世代[①]中似乎尤为强烈[②]。

关于具体需要什么样的变革,我们还远远没能达成共识,但对消除不公的共识却显而易见。无论关于"经济增长""变得更好"的讨论最后结果如何,社会收益都必须以相较过去更为公平的方式进行分配,尤其是新技术在改变人类生活的同时,也需要给人类社会带来比以往更广泛的利益。一个由科技行业的千万富翁、亿万富翁和临时工组成的经济体,加上被自动化剥夺的中等收入工作,在政治上是不可持续的。无论是 3D 打印器官还是个性化癌症治疗,这些生物技术和医疗创新的成果不能只由超级富豪享用。

在许多国家,这些由技术发展所驱动的不平等现象已经对稳固的中间阶层造成了破坏,进而搅动了这些国家的政治。新冠肺炎疫情给世界造成的震动或许能引发长期变化。

---

① 本文提到的"千禧一代"指出生于 1983—1994 年的受访者,"Z 世代"指出生于 1995—2003 年的受访者,大致等于中文语境下的"80 后"及"90 后"。——译者注

② 参见 http://www2.deloitte.com/globai/en/pages/about-deloitte/articles/millennialsurvey.html。

接下来第五、第六章讲述的是经济学在学科内部和经济政策制定这两个方面都需要直接面对数字化带来的挑战。① 第五章将本书之前讨论过的话题进行汇总，解释了在数字技术具有的独特经济特征背景下，经济分析中的不足为什么会被放大。第六章重点讨论政治经济，以及如何实现我们现在急需的新政策方法。这一章将讨论一些具体的政策领域，最后将说明，数字经济转型意味着对观察分析与价值判断的区分将走到终点。经济学家不能再声称自己只需要扮演好技术参谋的角色；即使这种说法曾经成立，2021 年我写下这本书时的经济形势也说明了它在根本上已经行不通了。经济学家需要深入思考价值问题和政治问题，这些问题正在被数字化颠覆。这些问题也是目前我在剑桥大学班内特研究中心（Bennett Institute）的主要研究领域，研究基于过去很多年来我在政策领域的个人兴趣和工作经验，时间跨度几乎超过四分之一个世纪。

---

① 这些章节的内容源于作者 2019 年 6 月在牛津大学马丁学院的讲座，http://www.oxfordmartin.ox.ac.uk/events/changing-technology-changing-economics-with-prof-diane-coyle/）；以及 2020 年 2 月在诺丁汉特伦特大学的讲座，http://www.ntu.ac.uk/about-us/events/events/2020/02/professor-diane-coyle-cbe。

第五章

经济学的新议程

大约 25 年前，我出版了第一本关于数字经济的书（Coyle，1997）。在那本书正式出版前的一年多时间里，我完全沉浸在研究和写作中。有一次遇到一位非常杰出的经济学家，我兴致勃勃地跟他说起互联网的革命性前景，他说道，这确实能减少一些交易成本，但我们已经知道怎么在模型中处理交易成本，你为什么还要在这上面浪费时间？现在回头看看，他明显错了。数字技术特有的经济特征意味着我们对经济学的既有观念必须发生转变了。

第一节

数字技术今非昔比

"数字技术"现在已经成为信息和通信技术(ICT)的简称,也是经济学家所说的通用目的技术(GPT)的一种(Helpman,1998),主要具有以下特点。

- 能够促使产品和服务以及生产过程进行彻底改革创新;最初在创新领域发生,之后逐渐扩大到更大范围的经济活动;
- 能够促使经济结构进行重大重组,原因是相对投入成本发生巨大改变;
- 需要在其他领域进行大量投资,比如其他形式的资本、基础设施、组织、技能,因此初期往往进展缓慢,但最终会产生巨大的经济效益和社会影响。

印刷技术、蒸汽机和电力的发展就是明显的例子。保罗·戴维（Paul David）对通用目的技术的特征做出了一个著名的历史描述，他将20世纪80年代计算机技术的传播与20世纪初的发电机技术相比较（David，1990），以此来解释罗伯特·索洛（Robert Solow）提出的"生产力悖论"："任何地方都能看到计算机的踪迹，唯独在生产力统计中看不到。"（Solow，1987：36）也就是说，虽然新技术最终一定会产生巨大影响，但这种影响需要很长时间才能在GDP和生产力统计数字中体现出来。

有一些经济学家会质疑数字技术对世界的整体影响是否能与历史上曾经出现过的其他通用目的技术相提并论（Gordon，2016；Bloom et al.，2020），但我认为，数字技术一定会像之前的技术一样改变世界。假以时日，人们再质疑"数字经济"这个词时，会像现在质疑"电力经济"一样奇怪。虽然变化的速度一开始非常缓慢，但之后会出现井喷式增长。数字技术已经给世界带来了翻天覆地的改变，但它是否真的让所有人的生活变得"更好"，这就是本章接下来要讨论的问题。

想要了解经济进步有多大，其中一个方法是看一看经历过重大创新的商品的价格下降程度。威廉·诺德豪斯（William Nordhaus）在一项研究中分析了计算能力（即每秒的计算量）的降价情况，发现结果与摩尔定律相符①（Nordhaus，2015）。其价格下降的速度也在逐年加快，自 1950 年以来，从只有政府和大公司才能拥有大型主机，逐渐发展到每个人的包里都有一台超级计算机。

当技术成本大幅下降时，这项技术当然会得到更频繁的使用。计算成本的下降也促成了其他商品价格的大幅下降。在最近一项合作研究中，我与合作者发现，在进行统计时，如果能够更充分地考虑到数字创新的速度，相关服务的价格就会大幅下降。例如自 2010 年以来，访问云计算设施的成本下降了约 80%（Coyle and Nguyen，2018），这意味着许多公司不再需要投资服务器和其他设备，或设置大型 IT 部门并投入人力成本。越来越多公司，包括几乎所有的初创公司，现在已经不在这些方面进行任何投入，转而使用云服务，如亚马逊网络服务（Amazon Web Services）、微软的 Azure 系统等。我采访过的许多公司高管都表示，以前公司每年需要花费数十万甚至数百万英镑成立和维护专门的 IT 部门、聘请专业的数据科学家，但现在只要从公司信用卡上刷个几英镑，就能轻松使用云平台提供的服务，包括最新的软件和最尖端的人工智能服务。现在许多大公司和政府部门都已

---

① 摩尔定律预测，每隔一年半或两年，计算机的算力就会增加一倍，或价格降低一半。参见 http://www.intel.co.uk/content/now/uk/en/silicon-innovations/moores-law-technology.html，浏览于 2020 年 8 月 12 日。

经转向云计算,很多新公司也是从云计算起步。

另一个例子是电信服务的价格(Abdirahman et al., 2020)。电信服务的官方价格已没有发生明显变化,这让电信工程师感到非常惊讶,因为这个时代并经历了通信技术的巨大革新:数据传输的速度、带宽、压缩、延迟,都有了显著改善,与此同时,人们使用网络产生的数据量,特别是使用智能手机产生的数据量,则急剧上升。对此,我与英国国家统计局和工程技术研究所的同行一起开发了一个新的价格指数测量标准,这个新标准中最保守的数据也显示,电信服务价格自2010年以来下降了三分之一。而另一个基于电信公司的收入除以数据量(以比特为单位)构建的指数测量标准也显示,在同一个7年周期中,电信服务价格下降了90%。这种测量标准符合逻辑,因为所有的电信活动都是通过比特这一物理单位来测量的。虽然这些组成服务每比特的市场价格不尽相同,但它们正在逐渐趋同,例如消费者从昂贵的短信服务转向免费的WhatsApp手机应用或其他即时信息服务。我们开发的新指数测量标准的保守版本曾经在一次实验中被用于计算英国GDP,测量结果比过去几年的年增长率要高出0.16个百分点[①]。虽然这个数字看起来微不足道,但考虑到近年的年增长

---

① 参见 http://www.ons.gov.uk/economy/nationalaccounts/uksectoraccounts/articles/producingalternativeapproachtogdpusingexperimentaldoubledeflationestimates/2020-11-02。

率仅为 1% 或 2%，0.16 实际上并不是一个小数字，而且这还仅仅是整个经济体中一个领域内的一个价格指数产生的影响而已。

以上提到的问题只是当前经济统计所面临的衡量问题中的一部分，实际存在的问题还有更多。衡量标准非常重要，因为这决定了我们如何理解经济，从而将其概念化。GDP 是 20 世纪 40 年代为了衡量当时的经济而人为构建出来的概念，它已经越来越不适用于衡量现在的经济进步，这也不奇怪（Coyle，2014）。使用 GDP 衡量数字经济的一个问题是，GDP 是一个增值结构，意思是消费的中间阶段要从最终收入中扣除，否则会出现重复计算，比如说，我们不想同时将面包和原料面粉都计算在内。然而，在过去至少 20 年间，随着云计算增加，供应链被切分成越来越细的专业环节，这种计算方法意味着整个去中介化的过程无法在最后的 GDP 统计数字中体现。我们扣除了所有的中间环节，于是相关收益没有在最终产出数字中体现出来。这也是生产力之谜的表现之一。在我看来，要解决这个问题可能需要对衡量经济增长的概念框架进行重新思考。

现有的经济统计数据未能囊括的内容还有很多。比如，现在都有哪些数据？它们流向了哪里？价值又是多少？公司在多大程度上使用云计算服务？它们使用云计算进行哪些活动？又有多少公司正在使用人工智能服务？如果英国的制造商使用了柏林工作室的设计，将设计图通过电子邮件发送给马来西亚的外包制造商，而知识产权在都柏林注册，那么这个过程中哪些环节应该被计算在内？又应该被计入哪个国家的GDP？其他相关产品的价格呢？比如虽然数码相机的价格被计算在内，但由于现在人们已经不常购买数码相机，它在CPI中的比重持续下降，而人们用智能手机拍照和浏览照片涉及的零价格却没有在任何地方被记录。所以，现在用来计算实际GDP和实际生产力的价格指数其实并不全面（Coyle，2021）。

第二节

数字市场也不同往日

亚马逊成立于1994年，脸书成立于2004年，谷歌成立于1998年。苹果和微软的历史更悠久，它们从20世纪70年代中期就开始发展。这些科技公司比历史上任何时期的巨头企业势力都更为强大。其中，少数几家美国大型科技公司主宰着人们生活的方方面面，这些公司被统称为GAFAM（Google、Apple、Facebook、Amazon、Microsoft），而在中国，也有阿里巴巴、百度和腾讯（BAT）。还有一些数字科技公司虽然在规模上无法与这些巨头相提并论，但在其各自所属领域也占据着主导地位，比如Airbnb、Booking、Uber、Deliveroo等网络平台。无论是消费者还是企业，日常进行的社会、文化、政治和经济活动大多依赖于这些公司提供的服务，覆盖范围包括网上购物、社交媒体、搜索资讯和云计算等。这些网络服务使人们的生活发生了翻天覆地的变化,其中大部分变化发生在十多年前智能手机、3G 网络以及后续升级的移动网络推出之后(Cellan-Jones,2021)。为什么在数字技术领域没有出现多个数字服务供应商群雄逐鹿的局面,反而让少数几个巨头公司平分了天下?

这其中有政治和政策方面的原因,但也涉及数字市场本身的经济特征。

第一个特征可以被称为"超级明星特征"。这个名称来源于舍温·罗森(Sherwin Rosen)的一篇论文,文章解释了为什么少数电影明星和体育明星的收入要比同行业其他人高出许多(Rosen,1981)。这种现象对市场的需求方和供应方都会产生影响。对供应方而言,固定成本较高但边际成本较低,或者几乎为零,这些因素结合在一起,导致规模收益递增。举例来说,成为一名顶级篮球运动员需要多年练习,拍摄一部大片需要数百万美元的投资,但是球员训练成功后,或电影制作完成后,多打一场比赛或多在一个电影院发行的成本却很低。而从需求方来看,这些商品本质上是一种体验,因为人们在实际消费前不知道商品具体是什么样,比如篮球比赛和电影。但是当人们从家人、朋友或是大众那里听到不错的点评,那么对球赛或电影的需求就会增加,即使这些商品的客观特征并不明显优于市场上的其他商品。超级明星特征也适用于许多数字产品市场,这些市场的边际分销成本接近零,并且经常争夺人们的注意力。这就是当前经济明确显现出"赢家通吃"或"赢家多吃"特征的第一驱动力。

第二个促成数字市场出现集中赢家的特征被称为"间接网络效应"。"间接"指的是许多数字市场在中间将供应商和消费者进行匹配，比如，如果你想在 Airbnb 租一间公寓，那么这个平台上出租公寓的人越多，就对你越有利；而如果你有房要出租，平台上的消费者越多，对你也越有利。这类数字平台也被称为双边市场或多边市场（Evans and Schmalensee，2016a）。这种间接网络效应也会相互促进、增进规模，因为平台用户增加使得平台各方都能受益。这方面例子有很多，既包括人们熟悉的面向消费者的平台，如 Airbnb、Amazon、eBay、OpenTable 和 Uber，也有面对化工和钢铁等行业的 B2B 的平台。除此之外，数字平台还有一种特殊的价格结构：如果市场一方（通常是消费者一方）有其他选择可以替换，那么另一方就必须提供补贴优惠，才能说服他们继续留在平台上。因此，在这类平台上，消费者不需要向平台支付任何费用，而是由平台上的供应商（比如广告商、入驻的餐厅、出租公寓的房东）向平台支付抽成或费用。

第三个重要的特征是，这些数字平台往往能将需求和供应进行精准匹配。数字平台能将各式各样的供应商集合在一起，例如消费者可以在一个城市找到各种各样的公寓，比如不同的大小、位置、设施；同时也能将各式各样的需求集合在一起。平台越大，供需双方就越容易提供或购买相应的服务。同样，扩大规模也能使用户的收益增加。比如在一些消费平台，几千万甚至上亿的消费者能够以零价格获得他们认为极具价值的服务（Brynjolfsson，Collis and Eggers，2019；Coyle and Nguyen，2020）。而数字平台获得收入的方法是向市场的另一方收取佣金，广告收入则建立在使用平台收集的消费者数据的基础上，将不同的广告向最有可能消费的客户精确投放。有些平台也自己处理客户数据，再向广告商提供营销分析服务，比如亚马逊。

这些特点结合在一起，使得个体平台很难发展和壮大。现实中，有五分之四的数字平台难以实现最小可持续规模，无法保持供需双方适当的平衡，最终走向了消亡（Gawer，Cusumano and Yoffie，2019）。美国的巨头平台有大量风险投资资金，可以承受长期亏损，这些亏损金额有可能是天文数字。对初创企业而言，在腾飞之前会经历一段时间的跌跌撞撞，然后才会一飞冲天。但如果不能顺利起飞，则会面临坠毁的结局。这些就是数字平台运营基本的经济学原理，它们使得市场运作方式发生改变，变得与经济学的基准心智模型不再一致。

第三节

数字经济学

在数字经济体中,生产和消费方式都在发生转变。技术已经成为日常生活中必不可少的一部分。人们每天在互联网上花费大量的时间:在英国,上网时间从2007年到2017年翻了一番,达到每周24小时,不算睡眠时间的话占到全部时间的七分之一。除此之外,还有其他证据也能说明上网在日常生活中的重要性。在一项调查研究中,埃里克·布林约尔松(Erik Brynjolfsson)询问人们自愿放弃上网(包括使用搜索引擎和社交媒体等数字服务)一段时间需要多少补偿。结果显示,人们自愿放弃使用所有搜索引擎一年要求的补偿平均是17 000美元,大约是美国人均收入中位数的一半;放弃收发电子邮件要求的补偿是6 000美元。英国类似的调查研究也发现,一些消费者对零价格数字服务的估价远远超过市场指标,比如服务提供者从用户身上赚取的平均收入（Coyle and Nguyen，2020）。这些都不是小数目，不过要如何进行汇总，以及如何将相关时间预算限制纳入考量尚不清楚。

上网时间统计数字表明，现在人们的大量日常事务都在网上完成，比如办理银行业务、旅行社咨询、教育、娱乐、社交媒体、通信、获取信息……然而许多传统的经济理论却很难解释这些活动。这也是第三章中讨论的问题。经济学构建了个人效用最大化的概念，意思是个人在预算允许的范围内会尽可能满足自身偏好，获得效用或利益。同时，个人效用可以汇总为社会总体福利，但这个概念基本上没考虑新商品、相对价格和行为方面的巨大变化。这种框架假设人们现在知道，或者早在2005年就知道，2019年的消费者购买智能手机的偏好是什么。然而事实上，个人偏好不仅不固定（尤其是考虑到未来才出现的发明），甚至不具备个体性。广告业之所以存在就是因为偏好可以被塑造。随着社交媒体的普及，还出现了能够影响个人偏好的新方式。此外，网络效应意味着个体效用也取决于其他人的选择，不能只考虑个体的决定。

对标准经济学基准涉及的其他关键假设，数字经济学也提出了质疑。例如，许多数字商品不具备竞争性。软件编写完成或数据库创建完成后，可以允许多人同时使用，而产品本身不会产生损耗。网络效应和高固定成本使得大部分经济领域出现了规模收

第五章 经济学的新议程

益递增的现象，然而许多现行的经济模型和分析机制还是基于规模收益递减或不变的假设。除了网络效应，数字经济还具备很强的外部性，例如，如果有一些人跟我情况相似，那么如果我提供了自己的个人数据，可能就会影响到其他人的隐私。另外，关于知识产权问题的争论也进行得热火朝天，使得财产这一概念在数字经济中扮演的角色也可能受到质疑。这方面有一个著名的例子，就是拖拉机制造商约翰迪尔公司（John Deere）与购买拖拉机的农民之间针对拖拉机这种高额资产所有权的纠纷。由于约翰迪尔公司在拖拉机上使用了大量软件，并将操作数据反馈给公司，公司认为农民只是租用拖拉机，而农民则认为自己有权拥有花费了数十万美元购买和维修的拖拉机。类似的纠纷也适用于由制造商提供软件和信息的汽车，以及通过与制造商服务中心传输数据进行维修的飞机发动机。

对一些经济学家来说，读到这里可能会认为这些观点并不新鲜。我们当然知道，经济假设在现实世界中不成立，它们只是思考经济问题的出发点。然而前文提到，政府中成千上万的经济学家、经济专业的学生和研究人员已经被这种传统的思维社会化，认为政策的目的是增加个人效用，市场往往是组织经济的最佳方式；同时他们也相信，如果出现特定的外部性问题或是假设出现失灵，能够通过制定适当的针对性政策——识别和应对。

很多年来我也一直认同这些观点，但现在，我认为现代经济中的相互依赖程度和收益的增加意味着这些观点并不准确，而且这些经济框架不利于设计经济政策。第六章将重点讨论政策问题，不过现在我想先讨论一下这些观点对经济学本身的影响。

第四节

经济学的新议程

我要提出的议程并不是一项革命性的议程，而是要呼吁人们开始重视一些尚未引起足够重视的关键问题。有一些经济分析就非常认真地考虑了个人选择的相互依赖性以及商品的非竞争属性。例如，市场设计领域的研究（Kominers，Teytelboym and Crawford，2017）就是在相互依赖的背景下研究个人选择，博弈论也是如此。一些博弈论学者认识到，游戏规则的制定者和执行者同时也是游戏参与者，社会规范与个人结果同样重要（Basu，2018；Sugden，2018）。我也和其他学者一起研究过有效的数据市场是否能存在（最后的研究结论是不存在），以及在数字经济中为了产生社会效益而使用数据可能需要哪些配套政策（Coyle et al.，2020）。针对数字平台的研究正在快速发展，不过仍然存在大量需要填补的空白领域。

自我强化（或自我颠覆）现象会对反馈进行肯定，这可能需要不同的建模和分析方法。一些经济学家已经开始使用不同的替代方法，比如复杂性理论（Arthur，2021；Hidalgo，2021）、基于代理人的模型（Gallegati and Kirman，2012；Richiardi，2016）和连接主义（Schulze，2010）等。这些研究都涉及计算机方法，而不是经济学家通常使用的代数分析。虽然这些新方法在经济学研究中的运用日益增加，不过尚未形成一种新的研究范式来推翻现在的主流方法。但我有预感，这种方法论的范式转变将在未来10年内发生。

无论哪一种替代方法能够最后胜出，得到普遍应用，经济学的当务之急都是考虑到个人选择中的相互依赖性、高固定成本和规模收益递增、普遍溢出效应以及许多数字产品不具备竞争性（这些数字产品如果能被限制使用，就是典型的"公共物品"或"俱乐部物品"）。现在需要强调的是数字市场特有的临界点动态，或者过渡到低碳世界所需的技术转换，及其在协调和叙事方面对政策的影响。这个领域有大量研究文献可供参考，例如早期关于公共物品经济学和博弈论的研究文献，以及近年来关于复杂性和连接主义的研究文献等，但经济学还没将这些与标准模型的差异设为新的标准。就像25年前，数字经济还处在发展初期时，那位与我进行交谈的杰出经济学家所说，我们确实可以通过模型来处理这些特征。现在，我们需要马上开始行动，更重要的是，还要把这个新版本传授给所有的经济学学生以及未来的政策制定者。

那么，数字经济中的经济学新议程是什么？表5-1总结了现行的各种标准和基准必须发生的转变。

表5-1　20世纪和21世纪经济学对比

20 世纪经济学	21 世纪经济学
线性	非线性
静态	动态
收益恒定或递减	收益递增
外部性属于例外情况	普遍具有外部性
分配平均	分配不平均
偏好相对固定	偏好具有流动性
个体 →向市场倾斜	社会 →向制度倾斜

这些问题也需要通过一些实践和实证的方法来解决，包括从衡量到理论，再到竞争等相关政策的应用。例如，竞争监管机构应该如何评估新的搜索引擎无法进入市场对消费者造成的损害，以及什么样的监管和治理才能让数字市场创造出更广泛的社会效益。

对经济学本身而言，这些议程非常明确。我们需要在现有工作的基础上，充分考虑到外部性、非线性、临界点和自我实现（或自我颠覆）等因素。我们需要重新关注、思考福利经济学

（参见第三章）。我们需要一个与时俱进的方法，实现对数字产品的公共供给和监管，在涉及数字世界非线性和外部性的领域，充分应用不对称信息和过去网络产业领域的丰富研究成果。我们需要将社会问题而不是个人问题置于经济学研究的核心位置，不能只是把制度和信任挂在嘴边，而要真正开始正视和重视它们对经济结果的重要性。总而言之，我们要回到经济学的起源：政治经济学。第三章讨论的观察分析与价值判断的区分这种舍本逐末的行为已经持续了一个世纪，它带来的一个后果是，经济学家宣称自己拥有"专家治国"的权威，而这实际上并不可能。即便这种权威曾经存在，2008年后发生的各种事件，比如全球金融危机和新冠肺炎疫情所暴露出的严峻现实问题，也已经对这种权威造成了巨大破坏。如果说人类个体是经济体这台机器上的齿轮，那这些齿轮并不像许多经济分析所假设的那样独立运作，正是那些具有误导性的假设才导致了集体"怪物"的出现。要想驯服这些"怪物"，就必须认识到个体之间相互依存的关系，或许只有这样，我们才能理解和应对当今世界所面临的经济挑战。

第六章

21 世纪的经济政策

第一节

回到未来：社会主义计算争论

弗朗西斯·斯普福德（Francis Spufford）在其著作《红色富足》（*Red Plenty*）中描述了 20 世纪初经济学家之间的激烈争论，即社会主义计算争论，也叫经济计算争论，辩论的焦点是自由市场经济和计划经济哪个能取得最有效的结果，哪种经济管理方法能取得最后的胜利。

当时，经济学界许多有真知灼见的人都参与了这场辩论，包括站在市场经济阵营的哈耶克和路德维希·冯·米塞斯（Ludwig von Mises），以及站在计划经济阵营的奥斯卡·兰格（Oskar Ryszard Lange）和阿巴·勒纳（Abba Ptachya Lerner）等经济学家（Hayek，1935；Von Mises，1920；Lange，1938；Lerner，1938）。《红色富足》通过强大的叙事魄力，阐述了市场经济和计划经济这两者在形式上的共同点。全知的中央计划者和竞争性一般均衡理论中的沃尔拉斯拍卖师，都假设了一个没有障碍、信息完整的世界（Lange，1936，1937）。因此，它们的假设都不现实，都需要一套完整的市场体系，包括所有未来的产品，以及对所有产品的完整索引（包括按时间和地点），同时它们对信息的需求也都非常大。

历史实践和《红色富足》一书都说明了市场经济更优越，因为价格机制能够总结经济体内所有商品和服务相关生产资源分配供求条件的信息，尽管它并不完美。这就是哈耶克在其经典文章《知识在社会中的运用》（1945）中提出的观点。他认为，实现整个经济有效生产所需要的信息绝对不是一个人或一个组织能掌握的。数量庞杂的有效信息是分散存在的，而价格机制能比中央计划者更好地协调这些信息。

统计学家科斯马·沙利兹（Cosma Shalizi）发表了一篇关于《红色富足》的书评，他通过计算得出了苏联的计划经济需要多少算力才能有效运行。这个问题在形式上是可计算的，因为当时需要的计算量随着商品和服务的数量增加呈多项式增长，而不是指数式增长。但在1983年的苏联，即使与美国相比产品数量有限，也需要比当时最好的计算机快一千倍的算力，才能在一年内通过计算制订出经济计划。不过，形式上有可能进行不代表实际上可操作，因为在线性规划问题中，变量的增加（即商品的数量）会让所需时间以多项式系数的幅度增加。

第六章　21世纪的经济政策

不过，由于计算机算力和速度自1983年以来遵循摩尔定律迅速增加，这又给倡导社会主义计算的人们带来了新希望。人工智能能否帮助人类打造一个高效的中央计划者？20世纪70年代，阿连德执政时期的智利就尝试过通过计算机实行计划经济，也就是著名的CyberSyn项目（Medina，2011）。今天的计算机和算法都更强大，或许有可能实现更高效的计划经济，从而取代混乱的市场管理，这种希望又重新点燃了学术界对这个话题的关注。然而这些希望最终也会落空。中央计划经济之所以到今天还只是一个遥不可及的愿景，计算速度跟不上只是其中一个原因。尽管现在的计算机功能不可同日而语，并且增长速度持续呈指数级提升，但它们依然无法赶上必要计算数目的多项式扩展速度。

实现的过程仍然面临挑战，其中一个原因是可用的产品数量日益增加。市场上究竟有多少商品，这方面并没有经济统计数据，人们在很大程度上只能依靠日常经验，了解市场上可供选择的产品和各种定制产品。现在，消费者可以自己设计运动鞋，自行选择笔记本电脑配置，从数百种云计算服务或几十种移动电话套餐中选择自己所需，选择在快餐店吃全素食品或无麸质食品。有限的统计数据也表明，新的商品和服务的品种正在迅速扩张（Coyle，2021）。虽然今天的算力和人工智能已十分强大，但它们真的能帮助中央规划者计算出每天、每个肯德基分店内素食汉堡和无骨蘸酱鸡肉餐的需求吗？可能性应该不大。

此外，还有一个原因。现在产品数量繁多，需要按地点进行分类，否则就需要对运输成本和时间进行全面核算；同时也需要按时间进行分类，因为必须考虑到会变质或折旧的产品，比如上周生产的面包这周就不再适合计入。除此之外，这个过程中所使用的算法还要假设为线性函数生产，或者至少是凸函数生产。这个术语的意思是生产回报保持恒定或递减，也就是说，随着生产不断扩大，只要多一点投入就能得到相同（即恒定）或略低（即递减）的额外产出。

不过，规模收益或网络效应意味着在现实生活中，社会主义计算的编程问题必然涉及各种非凸约束。如第五章所述，数字商业中的高固定成本和网络效应往往意味着会出现大量的规模收益递增的现象。正如沙利兹所言："在非凸约束条件下，不存在能够进行优化的一般目的算法（general-purpose algorithms）。相较线性编程，非凸式编程操作性低，处理难度往往更大。"虽然这种看法或许有些言过其实，毕竟算法有能力解决类似的问题，比如帮助物流公司在世界各地收取和运送数百万个包裹；但考虑到整个经济体的规模及其包含的产品种类，这无疑是一项极其巨大的挑战。实际上，非凸约束及收益递增的现象在基于服务和知识的现代数字经济中普遍存在。

规模收益不变或递减的假设在计划经济以及市场经济的关键模型中都存在，但这些假设并不适用于数字经济。虽然在数字经

第六章　21世纪的经济政策

济出现前，在某种程度上也存在规模收益递增的现象，比如钢铁或飞机制造都涉及非常高昂的固定成本，所以规模收益也不断增加；但现在，非凸性已经无处不在，比如在软件、电影、数据库、药品、在线零售、运营出租车等领域。

经济学的核心是增加回报和经济动力。知识密集型经济拥有极其独特的经济特征。尽管这个领域内的研究正在蓬勃发展，但它们还没成为主流的基准，在大学的演讲厅和权力的走廊里存在感更低。今天的政策制定方法深受1979年以来普遍被接受的"市场最灵"假设的影响，相较之下，收益递增型经济需要截然不同的政策制定方法。中央计划惨败，后来的"自由市场"资本主义模式也不奏效，其实二者失败的原因是一样的，只是后者的崩溃速度比较慢而已。

还有一个问题是经济学假设"代理人"（公司、个人、规划者）能够有效利用相关信息来优化目标函数，这种假设在社会主义计算辩论双方都存在。虽然经济学领域的认知过程已经得到大量关注，但即使是行为经济学也假设有一些东西需要被最大化或优化，同时也假设消费者偏好"真实"存在。但是，优化某个目标函数不一定是我们的经济目标，尤其是在越来越频繁地使用人工智能自动匹配决策的背景下。这是因为许多经济政策需要对目标函数进行人为建构的模糊处理，什么能够被最大化、如何最大化，有时候并不清晰，因为现实生活总是存在交易妥协和利益冲突，而计算机无法建构这种模糊性。所谓的目标，其实最后都是各方博弈的结果（参见第四章涉及新公共管理背景的论述）。如果只想达成设定的目标，而不是获得理想的成果，那么机器学习系统要比政府官员更能干，因为它们能将这种博弈自动化（Coyle and Weller，2020）。

除此之外，使用人工智能进行决策时，对输入到编程问题中的信息和数据的质量也有很高的要求。众所周知，数据本身就不完全客观，正如第四章所描述的，经济数据和社会数据都是人们精心打造的"产品"，即使是自动生成的详尽数据也一样，因为它们都是在现有社会结构和组织结构下产生的"副产品"。无论是通过问卷调查收集的数据（比如用于构建和产出 GDP 数值的大部分数据），还是通过网络抓取或从传感器收集的数据，其分类和分析结构都与工程编程使用的"客观"数据相去甚远。它们塑造了我们理解经济的方式，因为它们只给人们提供一种理解经济的方式。人工智能应用中存在的数据偏差是一个很重要的问题。

阻碍人们了解真实世界的，还有大量的数据缺失。采样错误和偏差、数据收集的特点和遗漏的变量，这些问题的存在都在提醒我们，不能被表面数据一叶障目（Hands，2020）。市场没有给外部性定价，比如我们虽然拥有关于全球二氧化碳排放、地表和海洋温度的信息，却没有二氧化碳的价格。在欧洲等进行碳排放交易的地区，市场运作状况不尽如人意，碳价远远低于研究人员基于外部因素和限制排放需求所建议的价格。在这样一个价格已经过低的市场，为什么还要由一个被设计来优化经济效率和增长的强大的人工智能来规划碳排放水平？

虽然计算机和算法已经变得更强大，但它们还没发展到能把社会主义计算带入现实的程度。但是，现实世界中存在规模收益递增和目标函数优化过程中信息基础不足的情况，其原因同样适用于市场经济和主流经济学。如前文所述，"市场失灵"和"政府失灵"都发生在相同的社会背景下，原因也相同。这也很好地解释了为什么在工业革命发生后的几十年间，人们不断思考国家和市场之间的界限，各种观点百家争鸣。这个问题并没有正确答案，因为这两者之间互相作用的情况一直在随着经济、技术和政治领域的变化而不断变化。

本章讨论的内容是在数字化转型的背景下，制定经济政策需要注意哪些问题。"经济学为政策选择提供依据"的主流观点必须转变，从而更准确地反映当今经济的现实，而这种改变才刚刚萌芽。第五章提出，要实现这种转变，需要先改变传统经济学的思维方式。但这种变化如何才能产生？或许能从历史上曾经发生的变革中找到答案。

第二节

政治经济循环：事件—观念—行动

一个经济体在协调国家干预和市场进程中会涉及哪些决定因素？由于缺少技术上清晰有效的界限，这个问题无法通过分析得出答案，其结果必然取决于一些偶然性因素，而这些因素也会随着时间的推移而变化。在事件、观念和行动三者之间，存在一个反馈机制，即经济危机或经济冲击在某个社会背景下发生，这个社会背景中存在一些既有观念，这些观念又决定了人们会做出什么样的反应，以及针对这些反应会出台什么样的政策（如图6-1）。这个过程会改变现有的经济发展道路，为下一次危机或转折的发生奠定基础，同时也会改变未来即将出现的社会组织观念。这个过程的特点就是通过社会学习来制定政策（Hall, 1989, 1993; Shearer et al., 2016）。

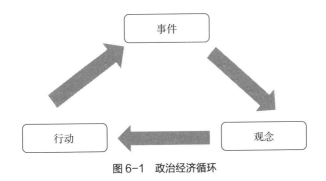

图 6-1 政治经济循环

在技术和金融领域，也存在类似推动发展的循环。根据卡洛塔·佩雷斯（Carlota Perez）的记录，从历史上看，这些循环也遵循同样的模式，即技术创新、创业理念和金融投资之间的循环反馈，并与宏观事件、政治及政策理念的循环相互作用（Perez，2002）。自从康德拉季耶夫（Kondratieff）于 1935 年首次提出著名的长波周期假说（seventy-year waves），许多经济学家就对所有假设存在长期循环周期的理论都持怀疑态度；要将长期循环周期放入现有的经济模型框架也确实有难度。然而，到 20 世纪，政府的经济角色发生了重大转变，技术也实现了长足发展，在这一背景下，当时盛行的经济理念也发生了巨大转变，我们需要正视这一事实。关于资本主义的研究和经济发展中的制度研究都发现，不同的国家制度结构和文化对经济结果都有着深刻的影响（Hall and Soskice，2001；Acemoglu and Robinson，2012；Mokyr，2017），比如德国和挪威就从未出现类似英美的情况。

然而，长期循环周期的存在显而易见，它在特定的历史和制度背景下，在国家议题辩论中都发挥了作用。除此之外，技术变革等全球趋势、金融危机和战争等国际事件以及思想的国际传播也会与具体地区的特殊性相互作用。

即使在社会主义计算争论发生以来的 100 年间，政治经济循环周期也非常明显。20 世纪 30 年代和第二次世界大战期间，兰格和哈耶克都在芝加哥大学生活和工作。1947 年，倡导国家计划经济的兰格回到了祖国波兰，哈耶克则一直待在芝加哥，直到 1962 年退休才回到奥地利。他对大名鼎鼎的芝加哥学派学者，包括亚伦·戴雷科特（Aaron Director）和米尔顿·弗里德曼等人产生了巨大影响。后来，"铁幕"将世界划分为计划经济和市场经济两大阵营。在"冷战"的过程中，经济剧场的故事也在上演，《红色富足》一书就讲述了这些往事（另见 Schmelzer，2016）。当时两方阵营都在奋力争夺经济战场上的胜利。在西欧，马歇尔援助计划（Marshall Aid）、欧洲煤钢共同体（European Steel and Coal Community）以及 OECD 的前身等组织纷纷成立，旨在抵制社会主义给厌战、疲惫、饥饿的选民带来的诱惑（Steil，2018）。苏联"斯普特尼克"号人造卫星的发射以及核军备竞赛的激烈程度震惊了美国，促使其开始对科研和技术进行大规模投资，包括计算机技术（Waldrop，2001）。

然而尽管出现了"冷战"，或许也正是因为"冷战"，西方大部分国家的主流思潮在那几十年间依然是坚定地支持政府干预。许多欧洲国家设立了经济规划机构。在英国，工党于1945年赢得了压倒性的选票，开始进行大规模的国有化和扩大福利的计划。凯恩斯主义的需求管理政策带来了稳定的高就业率，有效避免了再次出现大萧条时期的大规模失业，因而迅速在整个西方国家经济学中占据了主导地位。希克斯的综述（Hicks，1937）和萨缪尔森（Samuelson，1948）的经典教科书《经济学》（*Economics*）为战后一代的经济学家系统梳理了凯恩斯主义。

在这种大环境下，即使是最狂热的自由市场经济学家，包括哈耶克和1947年成立的朝圣山学社（Mont Pèlerin Society）中的其他创始成员，也接受了政府所肩负的主要经济责任，不过哈耶克在其名著《通往奴役之路》（*The Road to Serfdom*，1944）中哀叹，这种做法"完全抛弃了个人主义传统"。朝圣山学社这个由亲市场的经济学家组成的新组织，明确拒绝维多利亚时代的"纯粹自由放任"，希望在国家主义盛行的20世纪中期开辟出一种混合模式，为市场力量争取更多空间和支持，这个野心倒是不大（Burgin，2012）。大萧条和战争的经历影响了凯恩斯等人所创造的知识环境，进而塑造了西方战后的混合经济模式。这就是战后的第一个政治经济循环周期。

接下来的几十年间，西方经济持续强劲增长，这既归功于战后重建，也归功于积极的凯恩斯主义宏观经济政策和贸易的增长。"二战"结束后的30年就是福拉斯蒂所言的"辉煌的30年"时期（Fourastié，1979）。在这段时间内，电力供应在家庭和工厂都得到了普及，汽车也随着城镇的兴建和重建随处可见，广播和电影也迎来了全盛时期。电力和内燃机都属于能在各个领域发挥作用的通用目的技术，这些技术在经济体中被广泛传播，产生巨大的经济和社会影响。这些技术早在19世纪末就被发明，却拉动了20世纪中期的经济增长和生产力。

然而，在这30年的黄金岁月中，也种下了下一个政治经济循环周期的种子。历史是超定[①]的，也就是说，20世纪70年代的经济危机是在许多可能因素的共同作用下发生的，比如欧佩克石油组织（OPEC）的冲击、由此产生的国际资本流动对布雷顿森林体系汇率安排的破坏、公共部门工会的过度行为等，这些事件对经济危机的发生都起到了一定的作用。另外，将收入在经济中流动比喻成机器从而进行假设的需求管理政策，也脱不了干系。事实证明，经济变量之间的关系并不是一种机械式的恒定存在，而是会受那些作出了这样假设的政策影响，从而发生改变。在这种情况下，经济学又一次重塑了现实世界。因此，失业和通货膨胀之间看似可靠的反菲利普斯曲线关系（即一种此消彼长的

[①] "超定"（over-determination）一词源自阿尔都塞的精神分析论著，通常译为"超越决定"，曾译为"多元决定"，即反对用某种单一决定因素去理解历史的发展过程，认为历史的发展由多种不同因素共同导致。——译者注

关系）出现了坍塌。通货膨胀持续恶化，在英国尤为严重。与此同时，失业率开始攀升，达到战后新高。1978年末至1979年初，英国出现了大范围罢工，史称"不满之冬"。这些因素都为1979年撒切尔夫人的胜选铺平了道路。而在大西洋彼岸，里根也在不久之后赢得了美国总统选举，承诺对抗通货膨胀，实行小政府政策。

当时的经济危机加上对以往政治经济共识的反应，使得新的政治观念不断酝酿，即将成形。这些观念的倡导者包括一些志同道合的学者和政策企业家，他们组成了一个国际网络，几十年来一直在打造一个政策方案，并不断发展。撒切尔主义和里根主义世界观的源头就在1947年成立的朝圣山学社，当时的社会思潮强烈支持大政府甚至是社会主义计划经济，而朝圣山学社强调的是，要保证市场在经济中的作用得到充分支持。随着时间的推移，学社也得到了许多私人基金会的资助。于是，学社成员越来越专注于追求更纯粹的自由市场经济，这就是我们今天所知道的强调放松管制和市场至上的芝加哥学派新自由主义。到撒切尔夫人和里根参选时，这些坚持多年并且目标明确的智识工作已经形成了一套成熟的经济政策理念，可供智库和学界使用和实施（Gamble，1988；Stedman-Jones，2012）。

史蒂芬·马格林认为，"凯恩斯主义革命之所以成功，是因为它贴合了当时正在崛起的政治浪潮，即美国的新政和欧洲的社会民主……凯恩斯主义革命和20世纪30年代至70年代的左派政治相互支持、共存共生。之后，凯恩斯主义经济学的消亡与新政联盟和社会民主的崩溃同时发生，里根和撒切尔夫人的政治思潮也在新古典主义复兴时出现，这些都不是巧合……要实现变革，就得有相应的观念变化，但观念的变化只有与政治运动联系在一起才能切实发生"（Adereth，Cohen and Gross，2020）。

因此，从20世纪80年代初开始，金融市场管制放松，国际资本流动疏通了全球化生产链，英国等国家的政府将国有企业私有化，削弱了工会力量，也逐渐削弱了战后达成的构建福利国家的社会契约。21世纪初期的经济气候就是在这个时期逐渐形成的，同时，也为下一个严峻挑战，也就是2008年的金融危机埋下伏笔。金融化导致风险高度集中，将庞大的全球金融结构变成了一个摇摇欲坠、一碰就倒的纸牌屋；而全球化则意味着一旦出现坍塌，后果就会迅速从一个经济体蔓延到另一个经济体。于是，在金融危机发生后至少10年的时间内，许多国家普通人的生活几乎没有任何改善。在这种近乎零增长的情况下，严重的不平等问题也引起了政治上的反对呼声（Algan et al.，2017；Billing，McCann and Ortega-Argilés，2019；Pastor and Veronesi，2018）。另外，实际收入和生产力都停滞不前，导致一些经济学家对当前的技术创新持怀疑态度，认为其只是炒作（Gordon，2016；Bloom et al.，2020）。还有一些经济学家则对市场力量导

第六章 21世纪的经济政策

致的僵化给予了关注（Philippon，2019；Van Reenen，2018）。

那么，2020年的主流思潮又是什么呢？20世纪80年代和90年代，新自由主义将撒切尔主义和里根主义的放松管制与市场导向政策合理化，但是可信度已大大降低。政府干预重新盛行。所有政府对新冠肺炎疫情的反应都有力地证明了政府具有干预经济的能力，甚至包括英美政府。除此之外，在一些其他领域也能看到干预主义进一步加强，比如一些美国学者和政策制定者提出要重新使用芝加哥学派盛行之前的反垄断政策；大型数字公司解体；重新关注旧式区域政策，以促进"落后"地区的经济增长。然而，这些事件的背后还没有形成一个统一连贯的框架，有些做法纯粹只是为了复兴20世纪70年代的政策，而那些政策本身就存在不足之处。现在我们正处于一个没有明确的世界观来指导政策制定的时期，各种思想共存，有的支持政府干预，有的支持自由市场。针对现在的危机能否出现一个清晰一致的替代方案，还需要拭目以待。

我们能否为数字时代的经济构建出一种经济学和经济政策方法，以应对当前的政治经济挑战？回答这个问题不仅需要考虑到第五章描述的数字经济所具有的非凸性特征，还需要再度将信息放在中心地位。

第三节

数字时代经济的新变化

数字化一直在改变世界。从20世纪80年代开始的制造业自动化、外包和离岸外包的浪潮，到1989年蒂姆·伯纳斯·李（Tim Berners-Lee）发明万维网，再到2007年智能手机、3G/4G和算法的结合，让普通人也能随时随地上网。全球生产链、电子商务、社交媒体、数字平台，也都是通过技术和商业创新才得以实现。随着人工智能的发展并不断与其他前沿领域，如基因组学、增材制造、绿色能源和运输转型、高级材料等相结合，还有更多变革即将发生。

第五章描述了数字技术的经济特征。这些特征对实践而言意味着什么？截至2020年，仅苹果一家公司的市值就超过了西门子、宝马等20家最大的德国制造企业市值的总和。[1] 生产制造

---

[1] 参见 https://www.ft.com/content/6f69433a-40f0-1lea-a047-eae9bd5lceba。

的世界（Storper and Salais，1997）已经被完全重组，在某种程度上，甚至已经从某些特定地区连根拔起（Coyle，1997；Coyle and Nguyen，2019；Haskel and Westlake，2018）。

数字技术带来的一个早期变化是在跨国供应链中，生产出现分散化和全球化。跨国公司往往将低价值的活动外包给低收入国家，而将高价值的无形活动保留在公司内部，一开始是制造业，然后发展到可交易的服务领域。同时，由于无形资产能够轻易地被转移到低税率地区，使得公司的业务范围得以跨越国界。这其中的驱动力要归功于信息传输和计算成本的迅速下降。理查德·鲍德温（Richard Baldwin）追溯研究了这种现象对国际生产结构的影响，具体表现是价值链中的不同阶段出现"松绑"，解体成相对独立的环节，特别是创意类的内容从制造环节分离（Baldwin，2006）。通信成本较低、运输成本下降、贸易自由化三种因素结合在一起，使得一切成为可能。信息和通信成本也对组织内部结构进行了重塑。获取信息更便捷，使重要决策下放变得更高效；沟通成本降低，能更有效地推进决策（Bloom et al.，2014）。在实践工作中，去中心化效应成为主导。跨国公司将无形资产保留在生产网络的中心，或者说，将无形资产视为生产生态系统中的主导因素。

然而，生产转型不仅仅停留在传统的外包方式以及企业结构精简等方面。企业内部投入（如资本资产、直接雇员、无形资产）、外部投入（如云计算）以及临时劳动雇佣制（Boeri et al.,2020）相结合，使得生产重组涵盖的范围非常广。同样，商业模式的选择范围也非常大，既包括标准的垂直供应链模式，也包括网络工程和生态系统模式，以及各种各样的平台模式（Spulber,2019）。因此，曾经占据主导地位的主要企业形式已经从企业等级制转变为网络化的跨国公司，再到多面的数字平台公司。

发生组织变革的另一个驱动力是长期以来从制造业转向服务型和知识型经济的结构性转变。Holmstrom 和 Roberts（1998：90）指出："信息和知识是组织设计的核心，因为它们会导致合约和激励方面的问题，对市场和公司都会构成一种挑战。"隐性知识，即没有经验很难书写和传达的知识，在生产过程中的作用越来越重要，再加上现代经济活动中普遍存在的信息不对称，意味着要对委托活动和承包活动进行监测非常困难，也很难事先就写出能够涵盖所有可能并且在法律上可执行的合同。尽管数字追踪技术的确使得某些监测行为更容易执行，比如监测 Uber 司机和亚马逊仓库工人的位置，或是对电话服务中心的人工电话进行监控和计时，但想要在软件系统工程师或会计人员工作过程中或完成工作后监测他们的工作质量，几乎不可能实现。

数字经济也改变了人们的消费方式，网购越来越频繁。越来越多的服务，如看电视、听音乐、办理银行业务、安排旅行等，正在通过互联网提供；以前的实体产品，如日记本、地图、照相机、计算器等，也已经变成了电子形式，尽管它们仍然可以通过嵌入功能或实物设备访问。新型数字服务也已经出现。虽然理发店还是不能不去，但已经有大量的服务正在以数字形式提供。随着对数据和通信的需求增加，数据使用量飙升，这种情况甚至在物联网和自动驾驶汽车出现之前就已经发生。

很久之前，兹维·格里利克斯（Zvi Griliches）就将经济体中容易衡量和难以衡量的部门进行了分类，其中容易衡量的部门包括农业、采矿、制造、运输、通信和公共事业；难以衡量的部门包括建筑、贸易、金融、服务和政府部门（Griliches，1994）。由于近年来技术进步飞速，我们现在可以把通信业重新归类为难以衡量的部门，同时，制造业在产出中所占的份额则进一步下降。格里利克斯认为，截至1990年，美国经济中"可衡量"部门的份额已经从1947年的49%下降到30%；现在已经降至23%（Coyle，2021）。

无形产出越来越多、商品种类爆炸式增加、信息不对称，在这样的背景下，我们应该如何定义价格、数量和质量？智能手机应用程序算不算一种具备照片处理功能的低价相机？我们应该衡量相机的价格，还是拍照和存储图像的价格？一兆数据的价值在于它的内容，而不是内存或用电量，这种情况该如何进行衡量？如果一种已经存在的药物被应用于新用途，比如使用小剂量阿司匹林预防心脑血管问题，或是使用雷珠单抗代替安维汀治疗年龄相关性黄斑变性，在这些情况下，药物的成本和生产技术没有任何变化，但却以较低的系统成本大大改善了人们的健康状况，那么应该如何纳入经济统计？这些还只是给现有的产品增添新的使用途径，在没有实物产品的情况下，生产力又是什么呢？

现有经济概念框架做出了以下三种假设，在这些假设存在的背景下，要回答上述问题实属不易。

- 价格乘以数量等于收入，"数量"是确定的，而"质量"变化不大；
- 人们对不同的商品和服务存在稳定的偏好，或者说，人们对未来可能出现的产品的偏好现在就已经明确；
- 贸易涉及有形的或者至少是可追踪的最终消费产品。

今时今日，这些假设已经不再成立。

第四节

数字经济的政策

如前文所述,数字经济的关键特征是经济具有更大的相互依赖性。规模收益递增、网络效应和数据溢出等外部性,意味着个人或公司的选择都会对周围产生影响。

一些数字平台通过将消费者和供应商进行匹配,在未出现收益递增的经济活动中开创了规模经济和范围经济。例如,餐饮业几乎不存在规模经济,因为餐厅需要为每个食客做饭,而每顿饭都需要一定量的原料。然而,数字平台正在通过新的方式在这个领域开创新的规模经济和范围经济,这些方式包括网络效应,比如 OpenTable 等匹配平台吸引了更多的客户和餐馆加入;也包括组织创新的方式,比如为多家餐馆服务的中央厨房。因此,即使是在理发和外出就餐等规模经济和范围经济无法运作的服务领域,数字平台也借由其匹配买卖双方的算法填补了这个空白。现在数字平台也使得原本不会发生的交易更有可能发生。除了增加买卖双方的可见性、提高匹配的可能性，平台的收费结构、使用规则和评级系统都能有效塑造一种激励机制。这些平台不仅创造了新的市场，也在这些新市场中扮演了私人监管者的角色（Sundararajan，2016）。

现在，许多经济活动都具有前期成本高、边际成本极低或为零的特点，不仅包括大多数的日常数字服务，也包括可以通过数字方式进行传播或以数字方式订购组织的商品，比如软件系统、电影电视节目、在线商务平台和交易所等。一些传统经济活动也具有收益递增的成本结构，比如经营一家钢铁厂或发电站的前期固定成本高昂，而生产额外数量的钢铁或电力的边际成本较低，收益递增的现象在现代经济中已经无处不在。软件正在侵吞整个世界（Andreessen，2011），虽然编写软件的成本很高，但复制和传播的成本几乎为零。所有无形资产的成本几乎都是在早期产生，比如创建、营销新品牌以及研发新药和治疗方法。

数据本身也极具外部性，和规模经济息息相关（Coyle et al.，2020）。一些数字公司建立了大规模的个人资料数据库，以便进行追踪和营销，对此，许多公众讨论都集中在可能在隐私方面带来的负面影响，然而更重要的是，整合不同数据可能产生积极的溢出效应。这种重要性体现在广泛的社会福利方面，以及对整体经济的贡献，而不是相对公司利润而言。数据中具有价值的信息

第六章　21 世纪的经济政策

内容通常是相对的，例如，有些价值可能在于汇总个人数据以获得总体人口信息，并进行预测；可能是结合不同的数据来源，以了解某种具体数据项目的情况；或将个人信息与参考数据库进行比较，如参考地理空间数据以找到某人的具体位置。将大量个体提供的信息进行汇总后，可以获得有用的交通信息，协助医学研究，管理电网的电力需求，以及监测流行病等。即使是一些非常个人化的数据，如健康数据，其价值也往往取决于汇总后的人口总数据。

因此，相互依存关系在数字经济中越发得到巩固、加强。规模经济和大平台的重要性意味着企业越来越无法忽视他们与竞争对手、合作者和生态系统之间的战略互动。一家公司进行扩张会对所有竞争对手和供应商造成影响。网络效应意味着个人的消费决定必然影响其他人的消费决定。"我"的数据不仅对谷歌有价值，对"你"也一样重要。

然而，即使规模收益递增的现象已经在经济体中明显蔓延，经济学家对这一现象的关注直到最近还只局限在某些研究领域内。内生增长理论（Romer，1994）将收益递增视为长期增长的核心，其实现方式在于知识从一家公司产生，并溢出到其他公司。然而，如此深刻的洞见竟然没有激起太大的水花。尤其是，测量全要素生产率的主要核算方法假设在总体水平上规模收益不变，在这个假设收益恒定的世界中，企业没有理由大幅调整组织

243

生产，但事实上它们却这样做了，这也是"生产力谜题"之一。于是，研究数字市场和技术的经济学家（Arthur，1994）与研究集聚效应的经济地理学家——这些集聚效应在现代经济中比在传统经济中影响更大（Autor，2019）——不得不就收益递增背景下发生的动态行为进行研究，包括临界点和"赢家通吃"的动态特征、多种可能的路径以及初始条件的微小差异和先行者效应的重要性。

不过，这些研究方法还远远没有得到广泛应用，特别是非凸性思维还没有进入经济政策的范畴。然而，在21世纪，数字经济的特点在许多政策领域都产生了广泛深远的影响。

比如前文已经提到的一个例子：竞争政策。数字平台的特点决定了在分析其对竞争的影响时，无法使用分析其他类型企业的视角。这些经济活动具有网络效应，即平台上用户越多，全体用户收益就越大。许多数字市场都有"赢家通吃"的特点，并且由少数科技巨头公司主导，它们很擅长利用规模收益递增的特点。一旦这些公司的规模扩大到一定程度，它们就会采取其他战略继续扩大规模和范围优势，其中一种策略被称为"包络"（envelopment），脱胎于Uber的Uber Eats就是一个完美的例子。如果企业在某个市场的某个领域拥有大量用户，比如出租车数字平台的用户，那么企业就会向这些消费者交叉销售另一种完全不同的产品。这有点类似在寡头垄断市场上经常看到的捆绑销售，比如剃须刀和剃须刀片，或是打印机和墨盒。但在新型的数字市场中，捆绑销售的产品之间没有任何关系。例如，Uber 选择利用其平台上的用户，使用相同的软件以及在交通和物流方面建立的知识，向客户提供完全不同的服务。这种包络策略在大型数字平台中非常普遍，这意味着在调查市场竞争时，不能单独考虑某个市场，还需要考虑该平台有可能涉足的其他市场。如果一家在某一领域占主导地位的公司能够轻易进入在其眼中很有前景的其他领域，这实际上提高了其他公司进入市场的壁垒。

数字平台另一个引人注目的特点是进入市场的数据壁垒，因为大型数字平台已经获取并储存了市场上大量的用户数据。这又形成了一个不断自我强化的过程，被称为"数据飞轮"或"数据循环"。提供优质服务的大公司能赢得大量客户，在积累了大量的用户数据后，它们又可以继续改善服务，从而赢得更多用户。在有广告资助的数字平台领域，这种反馈循环进一步得到强化，使得平台能更精确地定位广告，获得更多收入，改善并加强服务，赢得更多客户，得到更多的数据，等等。

这些特点结合在一起的结果就是，竞争监管机构的常规分析方法很难应用于这些数字市场。我在英国从事过 8 年的竞争调查工作，传统的竞争调查会考虑一家合并公司或一家占主导地位的公司进行小幅提价是否会造成重大影响。如果会的话，市场上有没有其他能替代的选择？比如消费者是否能够很容易地购买到其他相似产品？竞争对手是否能够很容易地生产类似产品？这就是假定垄断者测试，简称 SSNIP 测试（Small but Significant Non-Transitory Increase in Price）。然而，这个测试很难套用在数字市场中，因为数字市场的包络行为使得市场边界很难被确定。定价的不对称性意味着即使是一个完全具有竞争力的平台，也可能向消费者收取零价格。分析盈利能力也不是一个有效的替代方法。传统观点认为，如果一个公司具备市场力量，它就同时具备了高于平均水平的盈利能力。然而，数字公司即使规模庞大也有可能亏本经营，而当扭亏为盈时，则需要获得高额利润来弥补投资者在初始阶段的损失。

因此，传统的竞争分析还不大清楚应该如何对这类公司进行分析调查，不过在美国、欧盟、英国和其他地区，监管部门都在加紧步伐完善既有方式。有人可能会问，如果这些公司一边亏损，一边零收费，会产生什么问题？答案是，危害在于这会扼杀创新，比如谷歌的市场主导地位就阻止了更新、更好的搜索引擎进入市场。这并不意味着数字行业就不会"改朝换代"，脸书对 MySpace 的胜利就是一个例子。然而，现在进入市场的难度要大大超过 2008 年的入市难度，那些日子已经非常遥远。

用经济术语来说，我们需要进行动态分析的是市场竞争，而不是市场中的竞争，这对竞争监管机构而言难度很大，因为它需要预测相关领域未来可能发生的情况。要预测哪家公司会有更好的技术能够挑战数字巨头就已经很难，更不用说预测消费者对技术的反应了。历史上，很多技术预测在事后看来都非常可笑。但这是经济学家现在就必须回应的政策挑战（Coyle，2019b）。

对大型数字公司支配市场的担忧在许多国家都在不断增加。欧盟委员会积极处理了一些案例，就连一向滞后的美国反垄断机构和政客也对这个领域产生了兴趣，尤其是在拜登就职总统之后。一些政策报告（Furman et al.，2019；Crémer, de Montjoye and Schweitzer，2019；Scott-Morton et al.，2019）指出，竞争分析应反映数字市场中网络效应的动态特征，并解决数据反馈循环所造成的入市障碍。也就是说，更多的数据带来更完善的客户信息以及更多广告收入，从而可以改进服务，进一步带来更多客户和更多数据。英国竞争及市场管理局（CMA）和德国联邦反垄断局（Bundeskartellamt）等竞争管理机构已经开始调整对数字市场的态度，例如，对拟议的合并采取更加保守谨慎的态度。英国竞争及市场管理局调查发现，脸书和谷歌占据数字广告市场的主导地位，意味着在英国2 760万个家庭中，每个家庭每年购买广告产品的花费，要比这些产品出现在竞争市场上高出500英镑。下一步，新的法律法规可能会出台，例如授权一些开放标准的数据访问，或是制定并要求平台遵守相应的行为准则或商品条件限制的规定。

以上列举的办法都可以在目前的竞争经济学框架内实行，重点关注的是消费者福利。这种技术官僚式的分析框架或多或少具有普遍性,不过在不同法律和知识传统的司法管辖区内,具体操作可能不太一样。有些抨击数字巨头的人呼吁完全摒弃这种经济框架,倡导人为构建新的产业结构以限制私权(如Khan,2017)。这种看法真正呼吁的是政治分析,而不是技术专家的分析,难免会让经济学家有所不适,但使用现在的标准福利经济学分析网络溢出效应、锁定和非线性背景下的消费者福利又确实有难度。在这个背景下,似乎也拿不出令人信服的论据来反驳以上观点。如今的政治动态非常明确:市场力量不断增强,使得大公司日益具备政治影响力,进而影响政治经济周期,这使得监管部门不得不进行干预,并出台更严厉的竞争政策。然而,对数字市场的经济分析工作还在摸索之中。即使认同消费者福利标准,如何在这些"赢家通吃"而具备临界点和复杂生态系统的市场中评估消费者福利,还没有达成观点明确的共识。地缘政治因素也涉足了数字经济领域。这也意味着,在里根总统和撒切尔夫人掀起的革命将国家经济行动主义掩埋了很长一段时间后,公共讨论的话题又再次回到了是否应该允许外国公司在本国自由经营,以及欧洲是否需要扶植本土数字领头人。竞争政策就是一个很好的例子,这个领域的经济政策曾经完全被技术官僚主导,如今却不得不考虑政治经济因素。

另一个例子是产业政策。自20世纪80年代初以来,由于自

第六章　21 世纪的经济政策

由市场观念的深远影响，加上 70 年代发生的各种经济灾难，大多数经济学家本能地反对产业政策。他们认为这些政策是在"挑选赢家"，而这些赢家注定会败下阵来。而如今，支持政府干预的社会思潮明显升温，一部分原因是生产力和收入增长都持续放缓，同时也是因为"落后"地区的选民普遍通过投票的方式表达对既有体制的不满。某些地区和城镇经济表现落后有诸多原因，其中之一是当地的公共投资和公共政策模式放大了集聚效应的力量。除了政治选择，经济学家使用的标准成本效益分析也可以算是罪魁祸首（Coyle and Sensier，2020）。成本效益分析适合评估小型投资，而不应该用来评估具有溢出效应的大型投资。例如，如果新建一条铁路线能够间接促进增长，打造新的出行方式或商业连接方式，那么使用成本效益分析方法来分析这条铁路线就会遗漏掉相关外部性。另外，如果使用成本效益分析法对富裕及贫穷地区进行比较，即使分析过程使用全国平均工资和平均土地价格，结果也会对富裕地区更有利，这是因为集聚溢出效应使得其他的经济活动在生产力较高的地区会更有活力。

长期以来，经济学界一直有一种声音，认为制定产业政策需要以战略眼光看待经济需要走向何方，以及需要何种能力（Rodrik，2004；Tassey，2014）。在具有非线性特征和多平衡特征的经济体中，战略干预会对经济发展产生重大影响，使其越来越偏离反事实。调整人们的行为以打造一种特定路径，这使得经济叙事变得尤为重要（Shiller，2019），尽管这些叙事有时会被人揶揄诟病，比如哈罗德·威尔逊[①]提出的"白热技术"（white heat of technology）和托尼·布莱尔[②]提出的"酷不列颠"（Cool Britannia）。而更现代的做法应该是让政府的产业政策由"任务驱动"（Mazzucato，2013）。虽然这些只是口号，但在制定产业政策时，确实有可能提升相关政策的协调功能，这对政策能否成功落地至关重要。

还有一个例子涉及数据方面的政策。由于数据是信息的具体体现，它从始至终都是关乎经济的根本问题，不过，它也正在日益成为经济交易的体现。具有讽刺意味的是，关于数据使用的数据很少，但现有数据表明它正在飙升。数据经济的旧市场框架在政策方面更关注个人所有权和交换，例如，大公司是否该为个人数据付费（Arrieta-Ibarra et al.，2018）。然而，数据极具外溢效应和外部性，其边际成本为零，其价值高度取决于大环境。就像是水，其使用价值和边际成本可能天差地别。如何通过数据政策尽可能高效地利用数据资源，同时最大化促进社会福利，这方面大多数经济学家还没开始思考（Coyle and Diepeveen，2021）。

---

① 哈罗德·威尔逊（Harold Wilson），英国政治家，于1964—1970年及1974—1976年两次出任英国首相。——译者注
② 托尼·布莱尔（Tony Blair），英国政治家，于1997—2007年出任英国首相。——译者注

政策制定者意识到他们需要了解数据的用途和潜力，及其在隐私方面的滥用，但这方面的研究还没能跟上这种需求。

为数字经济制定经济政策的根本问题是，非凸性背景下，对要使用什么样的框架来评估社会福利尚未达成共识（参见第三章）。政策制定者如何判断某个特定政策导向了更理想的结果？目前经济学只能提供非常有限的答案。经济学家非常善于回答狭义的政策问题，实证方法越来越完善，数据库越来越大，应用微观经济学也发展得不错，但对紧迫的政治问题，比如如何缩小经济发达的城市和贫穷落后的城镇之间日益扩大的差距，如何在现在这个"赢家通吃"的经济中保持创新性和竞争力，如何确保经济增长产生的收益得到更公平的分配，却鲜少能提供令人信服的方法。

在这个规模收益递增的经济时代，经济学家需要开始行动，向政策制定者提供相关指导。然而，把全部希望寄托在政府身上并不是答案，这就回到了本章开头提到的社会主义计算争论。期望政府部门靠大量数据解决眼下的困境，这种想法不过是异想天开。

第五章最后的结论是，眼下需要的新分析框架的构成要素可以在经济学研究文献中找到，其中大部分来自诺贝尔奖得主，包括 Krugman（1991）、Romer（1994）、Stiglitz（2014）和 Tirole（1988，2016）等经济学家。他们的研究成果从不同侧面说明了，市场导向的解决方案在一些根本性的假设方面确实存在各种各样的局限。经济学的下一个研究范式会是什么，现在我还不敢下定论，但它一定会包括以下默认假设：规模收益递增、信息不对称、网络效应和外部性普遍存在、委托代理关系、决策者之间的互动。这些数字经济的特点虽然在许多经济模型和专业领域中都有体现，但它们还没有得到有机整合或是融入主流，也还没能起到塑造当前思想氛围的作用。

现在，经济学既需要理论也需要实证，来解释说明在政府和市场都注定失败的情况下，应采取哪些行动来实现更好的结果。请记住，非凸性计算往往无法实现，单一的、"正确的"经济管理办法并不存在。具体情况将成为一个关键因素，不过这并不是因为普遍趋势会通过地方制度产生不同的折射，而是政策问题不能仅通过分析就得出放之四海而皆准的答案。因此，要应对现在的挑战，经济学家必须从技术指导转型成为政治经济学家，不仅要懂得如何利用 Python 软件编程，也必须了解历史。这对经济学这门相对孤立的社会科学来说，可能会让许多从业者感到不适，但当前的经济和政治局面要求我们必须这样做。

后 记

本书最后要强调的是，经济学固然有其优势，但如果要继续为政策、公众服务，尽可能多地做出贡献，改变势在必行。经济学家在政府和企业都有很大的影响力，但却无法通过实际的方式应对现代经济转型带来的一些重要挑战。在数字化的时代背景下，本书提出的主要问题包括以下几点。

第一，经济学家，尤其是从事政策相关工作的经济学家，需要更充分地考虑到自身行为对经济的影响，无论是较少见的"操演性"的例子（即反身性，意思是人们对政策干预所作出的反应会反过来改变政策），还是在宏观上影响社会思潮，进而对人们的行为规范产生影响。

第二，主观上应接受"是什么"和"应该怎么样"最终无法分离的事实。虽然我们应该始终将公正和证据导向视为工作目标，但在这个日益技术化的社会中，经济学家也扮演着政治家的角色，这些角色的影响非常强大，却往往不需要承担责任。

第三，最重要的一点是，既然政策经济学家声称要让世界变得更好，将公共利益作为出发点，那就应该更深入地思考，"更好"究竟意味着什么，以及对谁而言"更好"。鉴于经济学家在现代国家中的作用，这也涉及职业正当性的问题，要回答这些问题，就需要重振福利经济学。尤其是在数字化转型的背景下，典型的"市场失灵"情况日益蔓延，例如规模收益递增、外部性和公共产品领域，使得现有经济统计数据和社会福利之间的脱节越来越大，这个问题尤为重要。

第四，需要将现有经济研究中的"零部件"组合成一个适合数字经济的基准框架，并针对该框架提供配套的政策工具。

尽管现在经济学研究中已经有一些成果能够发挥作用，特别是在工业组织和市场设计、信息经济学、增长理论等领域，但在我看来，转变的程度还不够明显。"零部件"已经有了，却还没有被组装成为一个完整、协调的结构；更重要的是，福利经济学的问题还没能解决。同时，也没有合适的模型、工具和经验，将这些知识输入课堂和政策分析师的办公室。所以，我对经济统计的基本原理进行了研究，探索了数字和数据市场的实用政策工具，并通过撰写《市场、国家和人民》一书，以及参与编写CORE 经济学课程，为教育下一代政策制定者略尽自己的绵薄之力。

后记

现如今，关于经济学的公共讨论往往充斥着猛烈的抨击，其中不乏合理的批评，但很多批评的声音并不合理。人们的生活出现了两极分化，这种现象在经济学的某些领域也存在：自由市场的支持者奋力抵抗正在兴起的干预主义，例如英国脱欧后出台了"泰晤士河上的新加坡"这个自由贸易愿景，以及特朗普政府认为对富人减税能够刺激更多企业。

在这些激烈的争论背后，我认为我们需要改变现在的"主流"范式，这个范式转变也必将发生。何以见得？已经发生的事件就是答案。数字技术已经从根本上对消费和生产的经济结构带来了永久的改变。在我写下这些文字的时候，还不清楚疫情对经济的影响最终会有多严重，但它有可能永久性地改变公众对政府角色的预期。在经历了2008—2009年的打击之后，全球经济的运行方式几乎没有变化，这简直不可思议。就像一个卡通人物在悬崖边上一直奔跑，早晚都会出事。这两次冲击叠加在一起，必然会对人类社会产生深远的影响，就像近一个世纪前的大萧条和第二次世界大战一样。

现在，经济学家需要挺身而出，填补学科内部包容性、多样性不足以及思维狭隘的内部缺陷。政治经济学正在苏醒，这门学科具备强大的分析工具，以实证为基础，具有历史觉悟，重视并积极参与外部互动，将像其他社会科学一样为社会做出应有的积极贡献。这也是我们许多人在选择学习经济学时，对其寄予的美好愿景。

除了经济学内部已经发生的变化，还有一些令人欣慰的利好迹象。经济学对新冠肺炎疫情的反应非常迅速，并且很有建设性。这包括在英国成立的经济学观察网，所有政策制定者和公众针对疫情提出的疑问、相关的研究证据以及研究空白，都在这个网站上进行综合发布。建立网站的想法从2020年4月开始进行第一次讨论，6月1日网站就正式上线，到8月中旬，已经发布了100篇文章，总结了大量的已有研究和与疫情相关的最新研究。类似的合作在全球经济学界都在进行。

那么，导言中描述的学科内部问题呢？正如我在这本书中所论述的，经济学和经济学家凭借自身的思想观念以及对政策的影响力，一直在塑造着经济和社会。如果经济学能变得更多元、包容性更强，是否有助于对经济做出更积极的改变？这肯定会带来不一样的研究和数据，提出一些之前没有涵盖的研究问题。除此之外，经济学家也需要与其他学科进行合作，以便了解相关背景和历史，比如其他的社会科学和人文科学；同时也需要与计算机科学和工程等学科展开合作，以便更好地了解数字经济。

对变革正在发生的种种迹象，我感到很乐观；但是对变革的程度与范围，我却感到悲观。在某种程度上，经济学针对疫情提出的应对措施向世人展示了它的能力，通过跨学科合作，揭示了各地经济衰退过程中出现的各种不平等现象，以及各种困难和挑战。然而，这样的工作还需要在政策领域的各个方面进一步深化。本书第一章描述了经济学在政府和政策领域享有的核心地位，如果经济学家想要当之无愧地享有这个地位，我们需要继续努力实现本书第二至第六章所描述的范式转变，这个过程绝非易事。

2021 年 2 月

致 谢

这本书的内容涵盖了我过去 10 年间的工作,我要向许多人表达衷心的感谢,在此无法一一列举。

我要感谢的人有时任牛津大学布拉塞诺斯学院(Brasenose College)院长 Roger Cashmore 教授,感谢他邀请我在 2012 年"坦纳人类价值"讲座上发言,并感谢他的继任者 Alan Bowman 教授主持当时的讲座;还有当时讲座的各位优秀小组成员:Kate Barker、Peter Oppenheimer、David Ramsden、Peter Sinclair。也非常感谢公益经济学组织(ProBono Economics)第二年邀请我举办年度讲座;同样感谢经济方法学学会(Society for Economic Methodology)、牛津大学马丁学院(Oxford Martin School)和诺丁汉特伦特大学(Nottingham Trent University)邀请我进行公开讲座。我在剑桥大学的同事 Michael Kenny 和 Helen Thompson 特别慷慨地对我的就职演讲草稿提出了宝贵意见。

这些年来,我有幸在曼彻斯特大学和剑桥大学结识了许多优秀的同事和学生，在不同的政策岗位上与不同的经济学家和官员一起共事，包括英国广播公司信托基金、移民咨询委员会、自然资本委员会、国家基础设施委员会、由 Jason Furman 主持的数字竞争专家小组、竞争和市场管理局，以及在国家统计局从事研究员的工作。这些不同的工作岗位以及个人早期的职业生涯，让我获得了非常宝贵的经验和独特的见解，对此我感到非常幸运。讲座内容也收录了我与其他作者的合著成果，这些优秀的合著者包括 Mo Abdirahman、Stephanie Diepeveen、Richard Heys、Penny Mealy、Cahal Moran、Leonard Nakamura、David Nguyen、Marianne Sensier、Will Stewart、Manuel Tong、Adrian Weller、Timothy Yeung。

非常感谢剑桥大学和其他领域的各位同行，这些年来，在与他们的交谈中获得的宝贵意见使我能够进行更深入的思考，包括 Matthew Agarwala、Anna Alexandrova、Eric Beinhocker、Tim Besley、Sam Bowles、John Bowers、Erik Brynjolfsson、Wendy Carlin、Vasco Carvalho、Jagjit Chadha、Carol Corrado、Jacques Crémer、Meredith Crowley、Partha Dasgupta、Mark Fabian、Marco Felici、Amelia Fletcher、Jason Furman、Tim Gardam、Rachel Griffith、Dennis Grube、Andrew Haldane、Jonathan Haskel、Cameron Hepburn、Cecilia Heyes、Bill Janeway、Dale Jorgenson、Saite Lu、Derek McAuley、Philip Marsden、David

Miles、John Naughton、Jennifer Rubin、David Runciman、Paul Seabright、Margaret Stevens、Joseph Stiglitz、Jeni Tennison、Alex Teytelboym、Jean Tirole、Flavio Toxvaerd、Romesh Vaitilingam、Bart Van Ark、Tony Venables、Anna Vignoles、Dimitri Zenghelis。

感谢对我的经济学职业生涯带来最大影响的彼得·辛克莱尔教授,他是我在牛津大学布拉塞诺斯学院进行本科学习时的助教老师,也是我一生的导师和朋友。因为他,我成为一名经济学家;也因为他,我选择了现在这个经济领域的工作。他对好几代学生都产生了极其深远的影响。他在新冠肺炎疫情初期离世,对我们来说是一个极其惨重的损失。

最后,特别感谢 Yamini Cinamon Nair、Annabel Manley 和 Julia Wdowin 在研究过程中的协助,感谢 Lindsay Fraser 对初稿进行编辑,感谢 Sarah Caro、Hannah Paul 和 Josh Drake 对(英文版)文本的润色与提升,以及普林斯顿大学出版社团队的其他成员。我要一如既往地感谢 Rory Cellan-Jones 的不断鼓励,以及爱犬 Cabbage 在我工作时的陪伴。

参考文献

Abdirahman, M., D. Coyle, R. Heys, and W. Stewart, 2020, 'A Comparison of Approaches to Deflating Telecommunications Services Output', *Economie & Statistique*, Vols. 517-518-51, pp. 103–122.

Acemoglu, Daron, and Pascual Restrepo, 2019, 'Automation and New Tasks: How Technology Displaces and Reinstates Labor', *Journal of Economic Perspectives*, 33 (2): 3–30.

Acemoglu, D., and J. Robinson, 2012, *Why Nations Fail: The Origins of Power, Prosperity, and Poverty*, London: Profile Books.

Adereth, Maya, Shani Cohen, and Jack Gross, 2020, 'Economics, Bosses, and Interest', *Phenomenal World*, 8 August, https://phenomenalworld.org/interviews/stephen-marglin.

Akerlof, George A., 2020, 'Sins of Omission and the Practice of Economics', *Journal of Economic Literature*, 58 (2), 405–418.

Akerlof, George, and Rachel Kranton, 2010, *Identity Economics*, Princeton, NJ: Princeton University Press.

Akerlof, G. A., and D. J. Snower, 2016, 'Bread and Bullets', *Journal of Economic Behavior & Organization*, 126, 58–71.

Algan, Y., S. Guriev, E. Papaioannou, and E. Passari, 2017, 'The European Trust Crisis and the Rise of Populism', Brookings Papers on Economic Activity, Fall, 309–382.

Algan, Y., C. Malgouyres, and C. Senik, 2020, 'Territoires, bien-être, et politiques publiques', *Conseil d'analyse economique*, no. 55, January, 1–12.

Allen, K., and N. Watt, 2015, 'Living Standards Key to UK Election as Data Shows Slowest Recovery since 1920s', *The Guardian*, 31 March, https://www.theguardian.com/business/2015/mar/31/uk-gdp-growth-revised-up-to-06.

Amadxarif, Zahid, James Brookes, Nicola Garbarino, Rajan Patel, and Eryk Walczak, 2019, 'The Language of Rules: Textual Complexity in Banking Reforms, Bank of England Staff Working Paper No. 83, https://www.bankofengland.co.uk/working

-paper/2019/the-language-of-rules-textual-complexity-in-banking-reforms.

Anand, P., and J. Leape, 2012, 'What Economists Do and How Universities Might Help', in Diane Coyle (ed.), *What's the Use of Economics?,* London: London Publishing Partnership, 15–20.

Anderson, Elizabeth, 1993, *Value in Ethics and Economics,* Cambridge, MA: Harvard University Press.

Andreessen, M., 2011, 'Why Software Is Eating The World', *Wall Street Journal,* August 20, https://www.wsj.com/articles/SB10001424053111903480904576512250915629460.

Angrist, Joshua, Pierre Azoulay, Glenn Ellison, Ryan Hill, and Susan Feng Lu, 2020, 'Inside Job or Deep Impact? Extramural Citations and the Influence of Economic Scholarship', *Journal of Economic Literature,* 58 (1), 3–52.

Angrist, Joshua, Pierre Azoulay, Glenn Ellison, Ryan Hill, and Susan Feng Lu, 2017, 'Economic Research Evolves: Fields and Styles', *American Economic Review,* 107 (5), 293–297.

Anthony, Sebastian, 2016, 'The Secret World of Microwave Networks', *Ars Technica,* https://arstechnica.com/information-technology/2016/11/private-microwave-networks-financial-hft/, accessed 4 August 2020.

Arrieta-Ibarra, Imanol, Leonard Goff, Diego Jiménez-Hernández, Jaron Lanier, and E. Glen Weyl, 2018, 'Should We Treat Data as Labor? Moving beyond "Free"', *AEA Papers and Proceedings,* 108, 38–42.

Arrow, K., 1950, 'A Difficulty in the Concept of Social Welfare', *Journal of Political Economy,* 58 (4), 328–346.

Arthur, Brian, 2014, *Complexity and the Economy,* Oxford: Oxford University Press.

Arthur, W. Brian, 1994, *Increasing Returns and Path Dependence in the Economy,* Ann Arbor: University of Michigan Press.

Arthur, W. B., 2021, 'Foundations of Complexity Economics', *National Reviews Physics,* 3, 136–145, https://doi.org/10.1038/s42254-020-00273-3.

Athey, S, 2017, 'Beyond Prediction: Using Big Data for Policy Problems', *Science,* 355, 483–485.

Atkinson, A., 2001, 'The Strange Disappearance of Welfare Economics', *Kyklos,* 54, 193–206.

Aumann, Robert J., 2008, 'Rule-Rationality versus Act-Rationality', Discussion Paper Series dp497, The Federmann Center for the Study of Rationality, the Hebrew University, Jerusalem.

Auriol, Emmanuelle, Guido Friebel, and Sacha Wilhelm, 2020, 'Women in European Economics', in Shelly Lundberg (ed.), *Women in Economics,* London: VoxEU, 26–30.

Austin, J., 1962, *How to Do Things With Words,* Oxford: Clarendon Press.

Autor, David H., 2019, 'Work of the Past, Work of the Future', *AEA Papers and Proceedings,* 109, 1–32.

Axtell, R., and Epstein, J. M., 1996, *Growing Artificial Societies: Social Science from the Bottom Up,* Washington, DC: Brookings Institution Press.

Bajgar, Matej, Giuseppe Berlingieri, Sara Calligaris, Chiara Criscuolo, and Jonathan Timmis, 2019, 'Industry Concentration in Europe and North America', OECD Productivity Working Papers, No. 18, Paris: OECD Publishing, https://doi.org/10.1787/2ff98246-en.

Baldwin, R., 2006, 'Globalisation: The Great Unbundling(s)', *Economic Council of Finland*, 20 (3): 5–47.

Bank for International Settlements, 2010, 'Triennial Central Bank Survey of Foreign Exchange and Derivatives Market Activity in 2010 — Final Results', https://www.bis.org/publ/rpfxf10t.htm.

Bannerjee, Abhijit, and Esther Duflo, 2019, *Good Economics for Hard Times: Better Answers to Our Biggest Problems*, New York: Public Affairs.

Barbieri, L., C. Mussida, M. Piva, and M. Vivarelli, 2019, 'Testing the Employment Impact of Automation, Robots and AI: A Survey and Some Methodological Issues', in K. Zimmermann (ed.), *Handbook of Labor, Human Resources and Population Economics*, Cham: Springer, 27. An earlier version of this paper is https://www.iza.org/publications/dp/12612/testing-the-employment-impact-of-automation-robots-and-ai-a-survey-and-some-methodological-issues.

Bastani, A., 2019, *Fully Automated Luxury Communism*, New York: Verso Books.

Basu, Kaushik, 2018, *The Republic of Beliefs*, Princeton, NJ: Princeton University Press.

Bateson, G., 2000, *Steps to an Ecology of Mind: Collected Essays in Anthropology, Psychiatry, Evolution, and Epistemology*, Chicago: University of Chicago Press.

Bator, Francis M., 1958, 'The Anatomy of Market Failure', *The Quarterly Journal of Economics*, 72 (3), 351–379.

Bauman, Yoram, and Elaina Rose, 2011, 'Selection or Indoctrination: Why Do Economics Students Donate Less than the Rest?', *Journal of Economic Behavior & Organization*, 79 (3), 318–327.

Baumol, W. J., 1946–1947, 'Community Indifference', *Review of Economic Studies*, 14 (1), 44–48.

Baumol, W. J., 1952, *Welfare Economics and the Theory of the State*, The London School of Economics and Political Science, London: Longmans, Green & Co.

Becker, G. S., 1962, 'Irrational Behavior and Economic Theory', *Journal of Political Economy*, 70 (1), 1–13.

Becker, G., 1965, 'A Theory of the Allocation of Time', *The Economic Journal*, 75 (299), 493–517.

Bell, D., 1973, *The Coming of Post-Industrial Society*, New York: Basic Books.

Bergson, A, 1938, 'A Reformulation of Certain Aspects of Welfare', *The Quarterly Journal of Economics*, 52 (2), 310–334.

Berkes, E., and S. Williamson, 2015, 'Vintage Does Matter, The Impact and Interpretation of Post War Revisions in the Official Estimates of GDP for the United Kingdom', https://www.measuringworth.com/datasets/UKdata/UKGDPs.pdf,

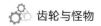 齿轮与怪物

accessed 19 October 2018.
Besley, T., 2013, 'What's the Good of the Market? An Essay on Michael Sandel's *What Money Can't Buy*', *Journal of Economic Literature*, 51 (2), 478–495.
Besley, T., and T. Persson, 2012, *Pillars of Prosperity: The Political Economics of Development Clusters*, Princeton, NJ: Princeton University Press.
Bhalla, J., 2013, 'What Rational Really Means', MIND Guest Blog, 17 May 2013, https://blogs.scientificamerican.com/mind-guest-blog/what-rational-really-means/.
Billing, Chloe, Philip McCann, and Raquel Ortega-Argilés, 2019, 'Interregional Inequalities and UK Sub-National Governance Responses to Brexit', *Regional Studies*, 53 (5), 741–760, doi: 10.1080/00343404.2018.1554246.
Binmore, K., and P. Klemperer, 2002, 'The Biggest Auction Ever: The Sale of the British 3G Telecom Licences', *The Economic Journal*, 112 (478), C74–C96.
Blackaby, David, and Jeff Frank, 2000, 'Ethnic and Other Minority Representation in UK Academic Economics', *The Economic Journal*, 110 (464), F293–F311.
Bloom, N., Z. Cooper, M. Gaynor, S. Gibbons, S. Jones, A. McGuire, R. Moreno-Serra, C. Propper, J. Van Reenen, and S. Seiler, 2011, 'In Defence of Our Research on Competition in England's National Health Service', *The Lancet*, 378 (9809), 2064–2065.
Bloom, N., L. Garicano, R. Sadun, and J. Van Reenen, 2014, 'The Distinct Effects of Information Technology and Communication Technology on Firm Organization', *Management Science*, 60 (12), 2859–2885.
Bloom, Nicholas, Charles I. Jones, John Van Reenen, and Michael Webb, 2020, 'Are Ideas Getting Harder to Find?' *American Economic Review*, 110 (4), 1104–1144.
Boeri, T., G. Giupponi, A. Krueger, and S. Machin, 2020, 'Solo Self-Employment and Alternative Work Arrangements: A Cross-Country Perspective on the Changing Composition of Jobs', *Journal of Economic Perspectives*, 34 (1), 170–195.
Borges, J., 1975, 'On Exactitude in Science', in *A Universal History of Infamy,* translated by Norman Thomas de Giovanni, London: Penguin Books, first published in 1946.
Bowles, Samuel, 2004, *Microeconomics: Behavior, Institutions, and Evolution*, Princeton, NJ: Princeton University Press.
Bowles, Samuel, 2016, *The Moral Economy: Why Good Incentives Are No Substitute for Good Citizens*, New Haven, CT: Yale University Press.
Bowles, Samuel, and Wendy Carlin, 2020, 'What Students Learn in Economics 101: Time for a Change', *Journal of Economic Literature*, 58 (1), 176–214.
Britton, Jack, Lorraine Dearden, Laura van der Erve, and Ben Waltmann, 2020, 'The Impact of Undergraduate Degrees on Lifetime Earnings', IFS, https://www.ifs.org.uk/publications/14729.
Browne, Janet, 2003, *Charles Darwin: Voyaging*, London: Pimlico Jonathan Cape, 1995.
Brynjolfsson, Erik, Avinash Collis, and Felix Eggers, 2019, 'Using Massive Online

参考文献

Choice Experiments to Measure Changes in Well-Being', *Proceedings of the National Academy of Sciences*, 116 (15), 7250–7255; doi: 10.1073/pnas.1815663116.

Buchanan, J., and G. Tullock, 1962, *The Calculus of Consent: Logical Foundations of Constitutional Democracy*, Ann Arbor: University of Michigan Press.

Burgin, A., 2012, *The Great Persuasion: Reinventing Free Markets Since the Depression*, Cambridge, MA: Harvard University Press.

Card, David, Stefano DellaVigna, Patricia Funk, and Nagore Iriberri, 2020, 'Are Referees and Editors in Economics Gender-Neutral?, in Shelly Lundberg (ed.), *Women in Economics*, London: VoxEU, 91–96.

Case, A., and A. Deaton, 2020, *Deaths of Despair*, Princeton, NJ: Princeton University Press.

Ceci, Stephen J., Donna K. Ginther, Shulamit Kahn, and Wendy M. Williams, 2014, 'Women in Academic Science: A Changing Landscape', *Psychological Science in the Public Interest*, 15 (3), 75–141.

Cellan-Jones, R., 2021, *Always On*, London: Bloomsbury.

Chan, M. L., 2017, 'The Google Bus', *The Point* (14), July, https://thepointmag.com/examined-life/the-google-bus/, accessed 10 August 2020.

Chen, M. K., V. Lakshminarayanan, and L. Santos, 2005, 'The Evolution of Our Preferences: Evidence from Capuchin Monkey Trading Behaviour', http://www.its.caltech.edu/~camerer/NYU/02-ChenLakshminarayananSantos.pdf.

Christophers, B., 2013, *Banking Across Boundaries*, Hoboken, NJ: Wiley/Blackwell.

Clark, Andrew E., Sarah Flèche, Richard Layard, and Nattavudh Powdthavee, 2018, *The Origins of Happiness: The Science of Well-Being over the Life Course*, Princeton, NJ: Princeton University Press.

Coase, R. H., 1960, 'The Problem of Social Cost', *The Journal of Law and Economics*, 2, 1–44.

Cockshott, P., and D. Zachriah, 2012, 'Arguments for Socialism', http://eprints.gla.ac.uk/58987/.

Colander, D., 2011, 'Creating Humble Economists: A Code of Ethics for Economists' (No. 1103), Middlebury College, Department of Economics.

Colander, D., and R. Kupers, 2014, *Complexity and the Art of Public Policy*, Princeton, NJ: Princeton University Press.

Competition Commission, 2003, 'Extended Warranties on Domestic Electrical Goods: A Report on the Supply of Extended Warranties on Domestic Electrical Goods within the UK', December, https://webarchive.nationalarchives.gov.uk/+/http://www.competition-commission.org.uk//rep_pub/reports/2003/485xwars.htm#full.

Cook, E., 2017, *The Pricing of Progress: Economic Indicators and the Capitalization of American Life*, Cambridge, MA: Harvard University Press.

Corduneanu, Roxana, Adina Dudau, and Georgios Kominis, 2020, 'Crowding-In or Crowding-Out: The Contribution of Self-Determination Theory to Public Service Motivation', *Public Management Review*, 22 (7), 1070–1089, doi: 10.1080/14719037.2020.1740303.

Cottrell, Allin, and W. Paul Cockshott, 1993, 'Calculation, Complexity and Planning: The Socialist Calculation Debate Once Again', http://ricardo.ecn.wfu.edu/~cottrell/socialism_book/calculation_debate.pdf.

Coyle, D., 1997, 1998, *The Weightless World: Strategies for Managing the Digital Economy*, Oxford: Capstone; Cambridge, MA: MIT Press.

Coyle, D., 2007, 2010, *The Soulful Science: What Economists Really Do and Why It Matters*, Princeton, NJ: Princeton University Press.

Coyle, D. (ed.), 2012, *What's The Use of Economics?*, London: London Publishing Partnership.

Coyle, D., 2014, *GDP: A Brief but Affectionate History*, Princeton, NJ: Princeton University Press.

Coyle, D., 2017, 'The Political Economy of National Statistics', in K. Hamilton and C. Hepburn (eds.), *National Wealth: What Is Missing, Why It Matters*, Oxford: Oxford University Press, 15–16.

Coyle, D., 2019a, 'Homo Economicus, AIs, Humans and Rats: Decision-Making and Economic Welfare', *Journal of Economic Methodology*, 26 (1), 2–12, doi: 10.1080/1350178X.2018.1527135.

Coyle, D., 2019b, 'Practical Competition Policy Tools for Digital Platforms', *Antitrust Law Journal*, 82–83, https://www.americanbar.org/digital-asset-abstract.html/content/dam/aba/publishing/antitrust_law_journal/alj-82-3/ant-coyle.pdf.

Coyle, D., 2020a, 'From Villains to Heroes? The Economics Profession and Its Response to the Pandemic', CEPR Covid Economics, Issue 49, September, 242–256.

Coyle, D., 2020b, *Markets, State and People: Economics for Public Policy*, Princeton, NJ: Princeton University Press.

Coyle, D., 2021, 'Variety and Productivity', Brookings Institute, forthcoming.

Coyle, D., and S. Diepeveen, in progress, 'Creating and Governing Value from Data'.

Coyle, D., S. Diepeveen, J. Tennison, and J. Wdowin, 2020, 'The Value of Data: Policy Implications', Bennett Institute for Public Policy Report, University of Cambridge, Cambridge, UK, https://www.bennettinstitute.cam.ac.uk/publications/value-data-policy-implications/

Coyle, D., and Leonard Nakamura, 2019, 'Towards a Framework for Time Use, Welfare and Household-centric Economic Measurement', ESCoE Working Paper, Economic Statistics Centre of Excellence, London.

Coyle, D., and David Nguyen, 2018, 'Cloud Computing and National Accounting', DP-2018-19, Economic Statistics Centre of Excellence (ESCoE), London.

Coyle, D., and D. Nguyen, 2019, 'Cloud Computing, Cross-Border Data Flows and New Challenges for Measurement in Economics', *National Institute Economic Review*, 249 (1), R30–R38.

Coyle, Diane, and Marianne Sensier, 2020, 'The Imperial Treasury: Appraisal Meth-

参考文献

odology and Regional Economic Performance in the UK', *Regional Studies*, 54 (3), 283–295, doi: 10.1080/00343404.2019.1606419.

Coyle, D., and A. Weller, 2020, 'What Needs Explaining about AI?' *Science*, 368 (6498), 1433–1434.

Coyle, D., and C. Woolard, 2009, 'Public Value in Practice: Restoring the Ethos of Public Service', BBC Trust, http://downloads.bbc.co.uk/bbctrust/assets/files/pdf/regulatory_framework/pvt/public_value_practice.pdf.

Crémer, J., Y. A. de Montjoye, and H. Schweitzer, 2019, 'Competition Policy for the Digital Era', European Commission, https://ec.europa.eu/competition/publications/reports/kd0419345enn.pdf.

Dasgupta, Partha, 2007, 'Facts and Values in Modern Economics', in H. Kincaid and D. Ross (eds.), *Handbook on the Philosophy of Economic Sciences*, Oxford: Oxford University Press.

David, P. A., 1990, 'The Dynamo and the Computer: An Historical Perspective on the Modern Productivity Paradox', *American Economic Review*, 80 (2), 355–361.

De Waal, F., 2006, *Primates and Philosophers: How Morality Evolved*, Princeton, NJ: Princeton University Press.

Deaton, Angus, 2020, 'Randomization in the Tropics Revisited: A Theme and Eleven Variations', Working Paper No. 27600, National Bureau of Economic Research, Cambridge, MA.

Deringer, W., 2018, *Calculated Values: Finance, Politics, and the Quantitative Age*, Cambridge, MA: Harvard University Press.

Desrosières, A., 2002, *The Politics of Large Numbers: A History of Statistical Reasoning*, Cambridge, MA: Harvard University Press.

Dietz, S., and Cameron Hepburn, 2013, 'Benefit-Cost Analysis of Non-Marginal Climate and Energy Projects', *Energy Economics*, 40 (C), 61–71.

Dinmore, G., 2012, 'Italian Lobbies Apply Brakes to Monti's Reforms', *Financial Times*, 2 January 2012, http://www.ft.com/cms/s/0/fc36edea-3554-11e1-84b9-00144feabdc0.html#axzz1qbX9bJLS, accessed 30 March 2012.

Drèze, J., and Nicholas Stern, 1987, 'The Theory of Cost-Benefit Analysis', in A. J. Auerbach and M. Feldstein (eds.), *Handbook of Public Economics*, Vol. 2, Amsterdam: Elsevier, ch. 14, pp. 909–989.

Ductor, Lorenzo, Sanjeev Goyal, and Anja Prummer, 2020, 'Gender and Collaboration', in Shelly Lundberg (ed.), *Women in Economics*, London: VoxEU, 74–79.

Duflo, Esther, 2017, 'The Economist as Plumber', *American Economic Review*, 107 (5), 1–26.

Earle, Joe, Cahal Moran, and Zach Ward-Perkins, 2016, *The Econonocracy*, Manchester, UK: Manchester University Press.

Easterlin, R., 1974, 'Does Economic Growth Improve the Human Lot? Some Empirical Evidence', in Paul David and Melvin Reader (eds.), *Nations and Households in Economic Growth: Essays in Honor of Moses Abramovitz*, Cambridge, MA: Aca-

demic Press.
Easterlin, R., Laura Angelescu McVey, Malgorzata Switek, Onnicha Sawangfa, and Jacqueline Smith Zweig, 2010, 'The Happiness-Income Paradox Revisited', PNAS, December, http://www.pnas.org/content/early/2010/12/08/1015962107.
Enterprise Act 2002, Section 58 and Intervention Order under Section 42 of the Act, October 2008, http://www.legislation.gov.uk/ukpga/2002/40/part/3/chapter/2/.
Epstein, Joshua M., 2007, *Generative Social Science Studies in Agent-Based Computational Modeling*, Princeton, NJ: Princeton University Press.
European Commission, Beyond GDP, http://ec.europa.eu/environment/beyond_gdp/index_en.html.
Evans, David S., and Richard Schmalensee, 2016a, *Matchmakers: The New Economics of Multisided Platforms*, Boston, MA: Harvard Business School Press.
Evans, David S., and Richard Schmalensee, 2016b, 'The New Economics of Multi-Sided Platforms: A Guide to the Vocabulary (9 June), SSRN, https://ssrn.com/abstract=2793021 or http://dx.doi.org/10.2139/ssrn.2793021.
Fanelli, D., 2010, 'Do Pressures to Publish Increase Scientists' Bias? An Empirical Support from US States Data', *PLoS ONE*, 5 (4), e10271, doi:10.1371/journal.pone.0010271.
Fanelli, Daniele, 2018, 'Is Science Really Facing a Reproducibility Crisis?', *Proceedings of the National Academy of Sciences*, 115 (11), 2628–2631, doi: 10.1073/pnas.1708272114.
Farmer, D., and D. Foley, 2009, 'The Economy Needs Agent Based Modelling', *Nature*, 460 (6), 685–686.
Farmer, Roger, 2010, *How the Economy Works: Confidence, Crashes and Self-Fulfilling Prophecies*, Oxford: Oxford University Press.
Fingleton, J., J. Evans, and O. Hogan, 1998, 'The Dublin Taxi Market: Re-regulate or Stay Queuing?', *Studies in Public Policy*, 3, 1–72.
Fitoussi, Jean-Paul, Amartya Sen, and Joseph Stiglitz, 2009, Commission on the Measurement of Economic and Social Progress, 2009, http://ec.europa.eu/eurostat/documents/118025/118123/Fitoussi+Commission+report.
Fourastié, J., 1979, *Les Trente Glorieuses, ou la révolution invisible de 1946 à 1975*, Paris: Fayard.
Fourcade, Marion, Etienne Ollion, and Yann Algan, 2015, 'The Superiority of Economists', *Journal of Economic Perspectives*, 29 (1), 89–114.
Frank, Robert H., Thomas Gilovich, and Dennis T. Regan, 1993, 'Does Studying Economics Inhibit Cooperation?', *Journal of Economic Perspectives*, 7 (2), 159–171.
Frey, C. B., and M. A. Osborne, 2017, 'The Future of Employment: How Susceptible Are Jobs to Computerisation?', *Technological Forecasting and Social Change*, 114, 254–280.
Friedman, M., 1966, 'The Methodology of Positive Economics', in *Essays in Positive Economics*, Chicago: University of Chicago Press, 3–16.

Fryer, R., S. Levitt, J. List, and S. Sadoff, 2012, 'Enhancing the Efficacy of Teacher Incentives through Loss Aversion: A Field Experiment', NBER Working Paper 18237, National Bureau of Economic Research, Cambridge, MA.

Furman, Jason et al., 2019, 'Unlocking Digital Competition', https://assets.publishing.service.gov.uk/government/uploads/system/uploads/attachment_data/file/785547/unlocking_digital_competition_furman_review_web.pdf.

Gallegati, M., and A. Kirman, 2012, 'Reconstructing Economics: Agent Based Models and Complexity', *Complexity Economics*, 1 (1), 5–31.

Gamble, A., 1988, *The Free Economy and the Strong State: The Politics of Thatcherism*, London, New York: Macmillan.

Gawer, A., M. Cusumano, and D. B. Yoffie, 2019, *The Business of Platforms: Strategy in the Age of Digital Competition, Innovation, and Power*, New York: Harper Business, 2019.

Gelman, A., 2013, 'The Recursion of Pop-Econ', Statistical Modeling, Causal Inference, and Social Science, 10 May, https://statmodeling.stat.columbia.edu/2013/05/10/the-recursion-of-pop-econ-or-of-trolling/.

Gerlach, P., 2017, 'The Games Economists Play: Why Economics Students Behave More Selfishly than Other Students', *PloS ONE*, 12 (9), e0183814, https://doi.org/10.1371/journal.pone.0183814.

Gigerenzer, Gerd, 2007, *Gut Feelings: The Intelligence of the Unconscious*, London: Penguin Random House.

Gigerenzer, G., P. M. Todd., and ABC Research Group, 1999, *Simple Heuristics That Make Us Smart*, Oxford: Oxford University Press.

Glaeser, E., and J. A. Scheinkman, 2000, 'Non-market Interactions', NBER Working Paper 8053, National Bureau of Economic Research, Cambridge, MA.

Goodhart, C.A.E., 1975, 'Problems of Monetary Management: The U.K. Experience', Papers in Monetary Economics (1).

Gordon, Robert, 2016, *The Rise and Fall of American Growth: The US Standard of Living Since the Civil War*, Princeton, NJ: Princeton University Press.

Gould, S., 2003, *The Hedgehog, the Fox, and the Magister's Pox*, Cambridge, MA: Harvard University Press.

Graaff, J. de V., 1971, *Theoretical Welfare Economics*, Cambridge: Cambridge University Press, 1971, first published in 1957.

Granovetter, Mark S., 1973, 'The Strength of Weak Ties', *American Journal of Sociology*, 78 (6), 1360–1380.

Griliches, Zvi, 1994, 'Productivity, R&D, and the Data Constraint', *The American Economic Review*, 84 (1), 1–23.

Haldane, A., 2012, 'Towards a Common Financial Language', Bank of England, http://www.bankofengland.co.uk/publications/Pages/speeches/2012/552.aspx, accessed 16 March 2012.

Haldane, A., and R. May, 2011, 'Systemic Risk in Banking Ecosystems', *Nature*, 469,

351–355.

Hall, P. (ed.), 1989, *The Political Power of Economic Ideas*, Princeton, NJ: Princeton University Press.

Hall, P., 1993, 'Policy Paradigms Social Learning, and the State: The Case of Economic Policymaking in Britain', *Comparative Politics*, 25 (3), 275–296, doi:10.2307/422246.

Hall, P. A., and D. Soskice, 2001, *Varieties of Capitalism: The Institutional Foundations of Comparative Advantage*, Oxford: Oxford University Press.

Hammerstein, Peter, and Ronald Noë, 2016, 'Biological Trade and Markets', *Philosophical Transactions of the Royal Society B*, 371, 20150101; doi: 10.1098/rstb.2015.0101.

Hands, David, 2020, *Dark Data*, Princeton, NJ: Princeton University Press.

Harberger, A. C., 1971, 'Three Basic Postulates for Welfare Economics: An Interpretive Essay', *Journal of Economic Literature*, 9 (3), 785–797.

Harris, Robert, 2011, *The Fear Index*, London: Hutchinson.

Haskel, J., and S. Westlake, 2018, *Capitalism without Capital: The Rise of the Intangible Economy*, Princeton, NJ: Princeton University Press.

Hausman, Daniel, and Michael McPherson, 2006, *Economic Analysis, Moral Philosophy and Public Policy*, 2nd ed., Cambridge: Cambridge University Press.

Hausman, Jerry, 2012, 'Contingent Valuation: From Dubious to Hopeless', *Journal of Economic Perspectives*, 26 (4), 43–56.

Hayek, F. A., 1935, 'Socialist Calculation I: The Nature and History of the Problem', reprinted in *Individualism and Economic Order*, 121–147, Chicago: University of Chicago Press, 1948.

Hayek, F., 1944, *The Road to Serfdom*, London: Routledge.

Hayek, F. A., 1945, 'The Use of Knowledge in Society', *The American Economic Review*, 35 (4), 519–530.

Head, M. L., L. Holman, R. Lanfear, A. T. Kahn, and M. D. Jennions, 2015, 'The Extent and Consequences of P-Hacking in Science', *PLoS Biol*, 13 (3), e1002106, https://doi.org/10.1371/journal.pbio.1002106.

Heckman, James J., and Sidharth Moktan, 2020, 'Publishing and Promotion in Economics: The Tyranny of the Top Five', *Journal of Economic Literature*, 58 (2), 419–470.

Hedlund, J., 2000, 'Risky Business: Safety Regulations, Risk Compensation, and Individual Behaviour', *Injury Prevention,* 6, 82–89.

Helpman, E. (ed.), 1998, *General Purpose Technologies and Economic Growth*, Cambridge, MA: MIT Press.

Hengel, Erin, 2020, 'Publishing While Female', in Shelly Lundberg (ed.), *Women in Economics*, London: VoxEU, 80–90.

Herbranson, W., and J. Schroeder, 2010, 'Are Birds Smarter than Mathematicians? Pigeons (*Columba livia*) Perform Optimally on a Version of the Monty Hall Dilemma', *Journal of Comparative Psychology*, 124 (1), 1–13.

Hicks, J., 1937, 'Mr. Keynes and the "Classics"; A Suggested Interpretation', *Econo-

metrica, 5 (2), 147–159.
Hicks, J. R., 1939, 'The Foundations of Welfare Economics', *The Economic Journal*, 49 (196), 696–712.
Hicks, J., 1942, *The Social Framework*, Oxford: Clarendon Press.
Hidalgo, C. A., 2021, 'Economic Complexity Theory and Applications', *Nature Review Physics*, 3, 92–113, https://doi.org/10.1038/s42254-020-00275-1.
Hirschman, Daniel, 2016, 'Inventing the Economy Or: How We Learned to Stop Worrying and Love the GDP', PhD dissertation, University of Michigan, Ann Arbor, https://deepblue.lib.umich.edu/handle/2027.42/120713.
HM Treasury, 2003, 'UK Membership of the Single Currency', June 2003, www.hm-treasury.gov.uk/d/EMU03_exec_126.pdf.
HM Treasury, 2011, The Green Book: Appraisal and Evaluation in Central Government, https://www.gov.uk/government/uploads/system/uploads/attachment_data/file/220541/green_book_complete.pdf.
Hoekstra, Mark, Steven L. Puller, and Jeremy West, 2017, 'Cash for Corollas: When Stimulus Reduces Spending', *American Economic Journal: Applied Economics*, 9 (3), 1–35.
Holmstrom, B., and J. Roberts, 1998, 'The Boundaries of the Firm Revisited', *Journal of Economic Perspectives*, 12 (4), 73–94.
Hume, D., 1752, "Essay V. of the Balance of Trade', in *Essays, Moral, Political and Literary*, Part II 'Political Discourses'.
Hurley, S., and M. Nudds, 2006, *Rational Animals?*, Oxford: Oxford University Press.
Hutton, W., 2012, 'Argentina's Oil Grab Is Timely Retort to Rampaging Capitalism', *The Guardian*, 22 April, https://www.theguardian.com/commentisfree/2012/apr/22/will-hutton-argentina-oil-grab-justified.
IDEI, Toulouse School of Economics, 2011, 'The Invisible Hand Meets the Invisible Gorilla: The Economics and Psychology of Scarce Attention', Summary of a conference held at IDEI, Toulouse School of Economics, September, http://www.idei.fr/doc/conf/psy/2011/summary.pdf, accessed 4 May 2012.
Ioannidis, J.P.A., T. D. Stanley, and H. Doucouliagos, 2017, 'The Power of Bias in Economics Research', *The Economic Journal*, 127, F236–F265, doi:10.1111/ecoj.12461.
Johnson, N., G. Zhao, E. Hunsader, J. Meng, A. Ravindar, S. Carran, and B. Tivnan, 2012, 'Financial Black Swans Driven by Ultrafast Machine Ecology', arXiv preprint arXiv:1202.1448.
Johnston, Christopher D., and Andrew O. Ballard, 2016, 'Economists and Public Opinion: Expert Consensus and Economic Policy Judgments', *The Journal of Politics*, 78 (2), 443–456.
Kahneman, D., 2011, *Thinking, Fast and Slow*, New York: Allen Lane.
Kaldor, N., 1939, 'Welfare Propositions of Economics and Interpersonal Comparisons of Utility', *The Economic Journal*, 49 (195), 549–552.
Keim, B., 2012, 'Nanosecond Trading Could Make Markets Go Haywire', *Wired*, 16

February, http://www.wired.com/wiredscience/2012/02/high-speed-trading/all/1, accessed 19 March 2012.

Kelman, S., 1981, 'Cost Benefit Analysis: An Ethical Critique', *Regulation*, 7 February, 33–40.

Kelton, S., 2020, *The Deficit Myth*, London: John Murray.

Keynes, J. M., 1931, 'The Future', in *Essays in Persuasion*, London: Macmillan, 315–334.

Keynes, J. M., 1936, *The General Theory of Employment, Interest and Money*, London: Macmillan.

Khan, Lina M. 2017, 'Amazon's Antitrust Paradox', *Yale Law Journal*, 126 (3), 564–907, https://www.yalelawjournal.org/pdf/e.710.Khan.805_zuvfyyeh.pdf.

Khan, M., 2015, 'UK Economy Grew at Fastest Rate for Nine Years in 2014', *The Telegraph*, 31 March, https://www.telegraph.co.uk/finance/economics/11505763/UK-economy-grew-at-fastest-rate-for-nine-years-in-2014.html.

Klinenberg, Eric, 2002, *Heatwave: A Social Autopsy of Disaster in Chicago*, Chicago: University of Chicago Press.

Kominers, Scott Duke, Alexander Teytelboym, and Vincent P. Crawford, 2017, 'An Invitation to Market Design', *Oxford Review of Economic Policy*, 33 (4), 541–571.

Kondratieff, N., 1935, 'The Long Waves in Economic Life', *The Review of Economics and Statistics*, 17 (6), 105–115.

Korzybski, A., 1933, 'A Non-Aristotelian System and Its Necessity for Rigour in Mathematics and Physics', in *Science and Sanity*, Lakeville, CT: International Non-Aristotelian Library, 747–761.

Krugman, P., 1991, 'Increasing Returns and Economic Geography', *Journal of Political Economy*, 99 (3), 483–499.

Krugman, P., 2006, 'How Did Economists Get It So Wrong?', *New York Times Magazine*, 6 September, http://www.nytimes.com/2009/09/06/magazine/06Economic-t.html?_r=1&pagewanted=all, accessed 30 April 2012.

Kuhn, T., 1996, *The Structure of Scientific Revolutions*, Chicago: University of Chicago Press, first published in 1962.

Lacey, James, 2011, *Keep from All Thoughtful Men: How US Economists Won World War II*, Annapolis, MD: Naval Institute Press.

Lakoff, G., and M. Johnson, 1980, *Metaphors We Live By*, Chicago: University of Chicago Press.

Lanchester, John, 2010, *Whoops!*, London: Penguin.

Lange, O., 1936, 'On the Economic Theory of Socialism', *Review of Economic Studies*, 4 (1), 53–71.

Lange, O., 1937, 'On the Economic Theory of Socialism, Part Two', *Review of Economic Studies*, 4 (2), 123–142.

Lange, O., 1938, 'On the Economic Theory of Socialism,' in B. Lippincott (ed.), *On the Economic Theory of Socialism*, Minneapolis: University of Minnesota Press, 56–143.

Lapuente, V., and S. Van de Walle, 2020, 'The Effects of New Public Management on the Quality of Public Services', *Governance*, 33, 461–475.

Le Grand, J., 1991, 'The Theory of Government Failure', *British Journal of Political Science*, 21 (4), 423–442.

Leamer, E., 1983, 'Let's Take the Con Out of Econometrics', *American Economic Review*, 73 (1), 31–43.

Leamer, E., 2010, 'Tantalus on the Road to Asymptopia', *Journal of Economic Perspectives*, 24 (2), 31–46.

Leibo, Joel Z. , Vinicius Zambaldi, Marc Lanctot, Janusz Marecki, and Thore Graepel, 2017a, 'Multi-Agent Reinforcement Learning in Sequential Social Dilemmas', Cornell University, https://arxiv.org/abs/1702.03037.

Leibo Joel Z., Vinicius Zambaldi, Marc Lanctot, Janusz Marecki, and Thore Graepel, 2017b, 'Multi-Agent Reinforcement Learning in Sequential Social Dilemmas', in S. Das, E. Durfee, K. Larson, M. Winikoff (eds.), Proceedings of the 16th International Conference on Autonomous Agents and Multiagent Systems (AAMAS 2017), Sao Paulo, Brazil, 8–12 May, https://arxiv.org/abs/1702.03037.

Lerner, A., 1938, 'Theory and Practice in Socialist Economics', *Review of Economic Studies*, 6, (1), 71–75.

Little, I.M.D., 1950, *A Critique of Welfare Economics*, Oxford: Clarendon Press.

Lo, A., 2017, *Adaptive Markets: Financial Evolution at the Speed of Thought*, Princeton, NJ: Princeton University Press.

Mackenzie, Donald, 2006, *An Engine, Not a Camera: How Financial Models Shape Markets*, Cambridge, MA: MIT Press.

MacKenzie, D., 2007, 'Option Theory and the Construction of Derivatives Markets', in D. MacKenzie, F. Muniesa, and L. Siu (eds.), *Do Economists Make Markets?*, Princeton, NJ: Princeton University Press, 54–86.

MacKenzie, Donald, 2019, 'Just How Fast?', *London Review of Books*, 41 (5), https://www.lrb.co.uk/the-paper/v41/n05/donald-mackenzie/just-how-fast.

Mance, H., 2016, 'Britain Has Had Enough of Experts, Says Gove', *Financial Times*, 3 June, https://www.ft.com/content/3be49734-29cb-11e6-83e4-abc22d5d108c, accessed 18 October 2018.

Mandel, M., 2012, 'Beyond Goods and Services: The (Unmeasured) Rise of the Data-Driven Economy', Progressive Policy Institute, 10 (October).

Marshall, A., 2013, *Principles of Economics*, London: Palgrave Macmillan, first published in 1890.

Maynard Smith, J., 1976, 'Evolution and the Theory of Games', *American Science*, 64, 41–45.

Maynard Smith, J., and G. R. Price 1973, 'The Logic of Animal Conflict', *Nature*, 246 (5427), 15–18, doi:10.1038/246015a0. S2CID 4224989.

Mazzucato, M., 2013, *The Entrepreneurial State*, London: Anthem Press.

McFadden, D., 1974, 'The Measurement of Urban Travel Demand', *Journal of Public Economics*, 3 (4), 303–328.

Medema, S. G., 2020, ''Exceptional and Unimportant'? Externalities, Competitive Equilibrium, and the Myth of a Pigovian Tradition', *History of Political Economy*, 52 (1), 135–170.

Medina, E., 2011, *Cybernetic Revolutionaries: Technology and Politics in Allende's Chile*, Cambridge, MA: MIT Press.

Merton, R. K., and R. C. Merton, 1968, *Social Theory and Social Structure*, New York: Free Press.

Modestino, Alicia, Pascaline Dupas, Muriel Niederle, and Justin Wolfers, 2020, 'Gender and the Dynamics of Economics Seminars', presentation at American Economic Association Conference, San Diego, CA, USA, 4 January, https://www.aeaweb.org/conference/2020/preliminary/1872.

Mokyr, J., 2017, *A Culture of Growth: The Origins of the Modern Economy*, Princeton, NJ: Princeton University Press.

Moore, A., 2017, *Critical Elitism: Deliberation, Democracy, and the Politics of Expertise*, Cambridge: Cambridge University Press.

Moretti, E., 2012, *The New Geography of Jobs*, Boston: Houghton Mifflin Harcourt.

Morozov, E. 2019, 'Digital Socialism?', *New Left Review*, 116 (March–June), https://newleftreview.org/issues/II116/articles/evgeny-morozov-digital-socialism.

Morson, Gary S., and Morton Schapiro, 2016, *Cents and Sensibility: What Economics Can Learn from the Humanities*, Princeton, NJ: Princeton University Press.

Nordhaus, W. D., 2015, 'Are We Approaching an Economic Singularity? Information Technology and the Future of Economic Growth', NBER Working Paper 21547, National Bureau of Economic Research, Cambridge, MA.

OECD, 2020, 'Better Life Initiative: Measuring Well Being and Progress', http://www.oecd.org/statistics/better-life-initiative.htm.

Olson, M., 1982, *The Rise and Decline of Nations*, New Haven, CT: Yale University Press.

Ormerod, P., 1999, *Butterfly Economics: A New General Theory of Economic and Social Behaviour*, London: Faber and Faber.

Ostrom, E., 1990, *Governing the Commons: The Evolution of Institutions for Collective Action*, Cambridge: Cambridge University Press.

Ottaviano, G., and J. F. Thisse, 2004, 'Agglomeration and Economic Geography', in J. Vernon Henderson and Jacques-François Thisse (eds.), *Handbook of Regional and Urban Economics*, vol. 4, London: Elsevier, 2563–2608.

Oxfam, 2013, 'How to Plan When You Don't Know What Is Going to Happen? Redesigning Aid for Complex Systems', Oxfam blogs, 14 May, http://www.oxfamblogs.org/fp2p/?p=14588.

Packard, V., 1957, *The Hidden Persuaders*, London: Pelican.

Page, Scott, 2007, *The Difference*, Princeton, NJ: Princeton University Press.

Palley, T., 1997, 'How to Rewrite Economic History', *The Atlantic*, April, https://www.theatlantic.com/magazine/archive/1997/04/how-to-rewrite-economic-history/376830/.

Pastor, L., and P. Veronesi, 2018, Inequality Aversion, Populism, and the Backlash Against Globalization, NBER Working Paper 24900, National Bureau of Economic Research, Cambridge, MA.

Perez, C., 2002, *Technological Revolutions and Financial Capital: The Dynamics of Bubbles and Golden Ages*, London: Elgar.

Pesendorfer, W., 2006, 'Behavioral Economics Comes of Age: A Review Essay on Advances in Behavioral Economics', *Journal of Economic Literature*, 44 (3), 712–721.

Petty, William, 1672, *Essays in Political Arithmetick*.

Philippon, Thomas, 2019, *The Great Reversal: How America Gave Up on Free Markets*, Cambridge, MA: Harvard University Press.

Pigou, A. C., 1908, *Economic Science in Relation to Practice: An Inaugural Lecture Given at Cambridge 30th October, 1908*, London: Macmillan.

Piketty, T., 2014, *Capital in the 21st Century*, Cambridge, MA: Harvard University Press.

Pinker, S., 2007, *The Stuff of Thought: Language as a Window into Human Nature*, London: Penguin.

Pollock, R., 2009, 'Changing the Numbers: UK Directory Enquiries Deregulation and the Failure of Choice', http://rufuspollock.org/2009/02/10/changing-the-numbers-uk-directory-enquiries-deregulation-and-the-failure-of-choice/, accessed 5 April 2012.

Porter, R., 2000, *Enlightenment: Britain and the Creation of the Modern World*, London: Allen Lane.

Porter, Theodore, 1995, *Trust in Numbers: The Pursuit of Objectivity in Science and Public Life*, Princeton, NJ: Princeton University Press.

Portes, Jonathan, 2012, 'Economists in Government: What Are They Good For?', http://notthetreasuryview.blogspot.co.uk/2012/01/economists-in-government-what-are-they.html, accessed 30 April 2012.

Rawls, J., 1971, *A Theory of Justice*, Cambridge, MA: Harvard University Press.

Reinhart, C., and K. Rogoff, 2009, *This Time Is Different; Eight Centuries of Financial Folly*, Princeton, NJ: Princeton University Press.

Richiardi, M. G., 2016, 'The Future of Agent-Based Modeling', *Eastern Economic Journal*, 43, 271–287, https://doi.org/10.1057/s41302-016-0075-9.

Roberts, K., 1980, 'Price-Independent Welfare Prescriptions', *Journal of Public Economics*, 13 (3), 277–297.

Roberts, R., 2016, 'When Britain Went Bust: The 1976 IMF Crisis', Official Monetary and Financial Institutions Forum (OMFIF), 28 September.

Robbins, L., 1932, *An Essay on the Nature and Significance of Economic Science*, London: Macmillan.

Robinson, M., 2012, 'Culture after the Credit Crunch', *The Guardian*, 16 March, https://www.theguardian.com/books/2012/mar/16/culture-credit-crunch-marilynne

-robinson.

Rodrik, D., 2004, 'Industrial Policy for the Twenty-First Century' (November), Discussion Paper No. 4767, Centre for Economic Policy Research, London.

Rodrik, D., 2013, 'What Is Wrong (and Right) in Economics?', Dani Rodrik's web blog, 7 May, https://rodrik.typepad.com/dani_rodriks_weblog/2013/05/what-is-wrong-and-right-in-economics.html.

Rodrik, D., 2018, 'Is Populism Necessarily Bad Economics?', *AEA Papers & Proceedings*, 108, 196–199.

Rogoff, K., 2019, 'Modern Monetary Nonsense', https://www.project-syndicate.org/commentary/federal-reserve-modern-monetary-theory-dangers-by-kenneth-rogoff-2019-03, accessed 6 August 2020.

Romer, P. M., 1986a, 'Increasing Returns and Long-Run Growth', *Journal of Political Economy*, 94 (5), 1002–1037.

Romer, P. M., 1986b, 'Endogenous Technological Change', *Journal of Political Economy*, 98 (5), S71–S102.

Romer, P., 1994, 'The Origins of Endogenous Growth', *Journal of Economic Perspectives*, 8 (1), 3–22.

Romer, Paul M., 2015, 'Mathiness in the Theory of Economic Growth', *American Economic Review*, 105 (5), 89–93.

Rosen, Sherwin, 1981, 'The Economics of Superstars', *American Economic Review*, 71 (5), 845–858.

Rosenthal, C., 2018, *Accounting for Slavery: Masters and Management*, Cambridge, MA: Harvard University Press.

Roth, A. E., 2002, 'The Economist as Engineer: Game Theory, Experimentation, and Computation as Tools for Design Economics', *Econometrica*, 70 (4), 1341–1378.

Roth, A. E., 2007, 'Repugnance as a Constraint on Markets', *Journal of Economic Perspectives*, 21 (3), 37–58.

Roth, A. E., T. Sönmez, and M.U. Ünver, 2004, 'Kidney Exchange', *The Quarterly Journal of Economics*, 119 (2), 457–488.

Rothschild, E., 2001, *Economic Sentiments: Adam Smith, Condorcet, and the Enlightenment*, Cambridge, MA: Harvard University Press.

Rubinstein, A., 2012, *Economic Fables*, Cambridge, UK: Open Book Publishers.

Ruskin, John, 1860, *Unto This Last*, London: George Allen.

Sahm, Claudia, 2020, 'Economics Is a Disgrace', Macromom blog, https://macromomblog.com/2020/07/29/economics-is-a-disgrace/, accessed 2 August 2020.

Saint-Paul, Gilles, 2011, *The Tyranny of Utility: Behavioral Social Science and the Rise of Paternalism*, Princeton, NJ: Princeton University Press.

Samuelson, P. A., 1983, 'Welfare Economics', in *Foundations of Economic Analysis*, Cambridge, MA: Harvard University Press, first published in 1947, Chapter 9.

Sandel, M. J., 2012, *What Money Can't Buy: The Moral Limits of Markets*, London: Macmillan.

Santos, M. S., and M. Woodford, 1997, 'Rational Asset Pricing Bubbles', *Econometrica*, 65 (1), 19–57.

Satz, D., and J. Ferejohn, 1994, 'Rational Choice and Social Theory', *The Journal of Philosophy*, 91 (2), 71–87.

Schelling, T. C., 1958, 'Design of the Accounts' in *A Critique of the United States Income and Product Accounts*, Princeton, NJ: Princeton University Press for NBER 1958, pp. 325–333, https://www.nber.org/chapters/c0554.pdf, accessed 18 October 2018.

Schelling, T. C., 1960, *The Strategy of Conflict*, Cambridge, MA: Harvard University Press.

Schelling, Thomas, 2006, *Micromotives and Macrobehaviour*, New York: Norton, first published in 1978.

Schmelzer, M., 2016, *The Hegemony of Growth: The OECD and the Making of the Economic Growth Paradigm*, Cambridge: Cambridge University Press.

Schulze, Georg, 2010, *Connectionist Economics*, Bloomington, IN: Trafford Publishing.

Schumpeter, Joseph, 1994, *Capitalism, Socialism and Democracy*, Milton Park, UK: Routledge, first published in 1942.

Scitovszky, T. de, 1941, 'A Note on Welfare Propositions in Economics', *The Review of Economic Studies*, 9 (1), 77–88, https://doi.org/10.2307/2967640.

Scott, J. C., 1998, *Seeing Like a State*, New Haven, CT: Yale University Press.

Scott-Morton, F., et al., 2019, Final Report of Stigler Committee on Digital Platforms, September, https://www.chicagobooth.edu/research/stigler/news-and-media/committee-on-digital-platforms-final-report.

Seabright, P., 2010, *The Company of Strangers: A Natural History of Economic Life*, rev. ed., Princeton, NJ: Princeton University Press.

Segal, D., 2012, 'Is Italy Too Italian?', *New York Times*, 31 July, http://www.nytimes.com/2010/08/01/business/global/01italy.html?pagewanted=all

Sen, A., 1982, *Poverty and Famines: An Essay on Entitlements and Deprivation*, Oxford: Clarendon Press.

Sen, A., 2009, *The Idea of Justice*, London: Allen Lane.

Sen, A., 2017, *Collective Choice and Social Welfare*, London Penguin, expanded edition 2017.

Sen, Amartya, Angus Deaton, and Tim Besley, 2020, 'Economics with a Moral Compass? Welfare Economics: Past, Present, and Future', *Annual Review of Economics*, 12, 1–21.

Sevilla, Almudena, and Sarah Smith, 2020, 'Women in Economics: A UK Perspective', Discussion Paper 15034, Centre for Economic Policy Research, July.

Shapiro, Stuart, 2020, 'OIRA and the Future of Cost-Benefit Analysis', *The Regulatory Review*, https://www.theregreview.org/2020/05/19/shapiro-oira-future-cost-benefit-analysis/

Shearer, J. C., J. Abelson, B. Kouyaté, J. N. Lavis, and G. Walt, 2016, 'Why Do Policies Change? Institutions, Interests, Ideas and Networks in Three Cases of Policy Reform', *Health Policy and Planning*, 31 (9), 1200–1211.

Shiller, R., 2000, *Irrational Exuberance*, Princeton, NJ: Princeton University Press.

Shiller, R., 2003, *The New Financial Order: Risk in the 21st Century*, Princeton, NJ: Princeton University Press.

Shiller, R., 2013, *Finance and the Good Society*, Princeton, NJ: Princeton University Press.

Shiller, Robert J., 2017, 'Narrative Economics', *American Economic Review*, 107 (4), 967–1004, doi: 10.1257/aer.107.4.967.

Shiller, R. J., 2019, *Narrative Economics: How Stories Go Viral and Drive Major Economic Events*, Princeton, NJ: Princeton University Press.

Silver, N., 2012, *The Signal and the Noise: The Art and Science of Prediction*, London: Penguin.

Skidelsky, R., 1992, *John Maynard Keynes: A Biography*, Vol. 2: *The Economist as Saviour, 1920–1937*, London: Macmillan.

Skidelsky, Robert, 2020, *What's Wrong with Economics: A Primer for the Perplexed*, New Haven, CT: Yale University Press.

Slobodian, Quinn, 2018, *Globalists: The End of Empire*, Cambridge, MA: Harvard University Press.

Smith, A., 2000, *The Theory of Moral Sentiments*, New York: Prometheus Books, first published in 1759.

Smith, G., 2012, 'Why I Am Leaving Goldman Sachs', *New York Times*, 14 March, http://www.nytimes.com/2012/03/14/opinion/why-i-am-leaving-goldman-sachs.htm?pagewanted=1&_r=1, accessed 14 March 2012.

Snider, J., 2011, 'Finance Now Exists for Its Own Exclusive Benefit', Real Clear Markets, http://www.realclearmarkets.com/articles/2011/12/16/finance_now_exists_for_its_own_exclusive_benefit_99422.html, accessed 24 April 2012.

Snow, C. P., 1963, *The Rede Lecture: The Two Cultures*, Cambridge: Cambridge University Press, first published in 1959.

Solnit, R., 2014, 'Get Off the Bus', *London Review of Books*, 36 (4), https://www.lrb.co.uk/the-paper/v36/n04/rebecca-solnit/diary, accessed 10 August 2020.

Solow, Robert, 1987, 'We'd Better Watch Out', *New York Times Book Review*, 12 July, 36.

Spufford, F., 2010, *Red Plenty*, London: Faber and Faber.

Spulber, D. F., 2019, 'The Economics of Markets and Platforms', *Journal of Economics & Management Strategy*, 28, 159–172.

Stanovich, K. E., 2005, *The Robot's Rebellion: Finding Meaning in the Age of Darwin*, Chicago: University of Chicago Press.

Stapleford, T. A., 2009, *The Cost of Living in America*, Cambridge: Cambridge University Press.

Stedman Jones, Daniel, 2012, *Masters of the Universe*, Princeton, NJ: Princeton Uni-

versity Press.
Steil, B., 2018, *The Marshall Plan: Dawn of the Cold War*, Oxford: Oxford University Press.
Stern, N., 2007. 'The Economics of Climate Change', https://webarchive.nationalarchives.gov.uk/20070222000000/http://www.hmtreasury.gov.uk/independent_reviews/stern_review_economics_climate_change/stern_review_report.html, accessed 10 August 2020.
Stevenson, B., and J. Wolfers, 2008, 'Economic Growth and Subjective Well-Being: Reassessing the Easterlin Paradox', Brookings Papers on Economic Activity, Spring.
Stiglitz, Joseph E., with Bruce C. Greenwald, 2014, *Creating a Learning Society: A New Approach to Growth, Development, and Social Progress*, New York: Columbia University Press.
Storper, M., and R. Salais, 1997, *Worlds of Production: The Action Frameworks*, Cambridge, MA: Harvard University Press.
Sugden, R., 2018, *The Community of Interest*, Oxford: Oxford University Press.
Sugden, R., 2020, 'Normative Economics Without Preferences', *International Review of Economics*, online 23 July 2020.
Sundararajan, A., 2016, *The Sharing Economy: The End of Employment and the Rise of Crowd-Based Capitalism*, Cambridge, MA: MIT Press.
Sunstein, Cass R., 2003, 'Libertarian Paternalism', *American Economic Review*, 93 (2), 175–179.
Sutton, J., 2000, *Marshall's Tendencies: What Can Economists Know?*, London: MIT Press and Leuven University Press.
Takagi, S., 2020, 'Literature Survey on the Economic Impact of Digital Platforms', *International Journal of Economic Policy Studies*, 14, 449–464, https://doi.org/10.1007/s42495-020-00043-0.
Tassey, Gregory, 2014, 'Competing in Advanced Manufacturing: The Need for Improved Growth Models and Policies', *Journal of Economic Perspectives*, 28 (1), 27–48.
Taylor, P., 2013, 'Sennheiser Fights Fake Electronic Goods', *Financial Times*, 12 May, https://www.ft.com/content/6454afe8-b9a7-11e2-9a9f-00144feabdc0.
Thoma, M., 2011, 'New Forms of Communication and the Public Mission of Economics: Overcoming the Great Disconnect', November, http://publicsphere.ssrc.org/thoma-new-forms-of-communication-and-the-public-mission-of-economics/, accessed 27 March 2012.
Tirole, J., 1988, *Theory of Industrial Organization*, Cambridge, MA: MIT Press.
Tirole, Jean, 2016, *Economie du bien commun*, Paris, France: PUF.
Tooze, Adam, 2001, *Statistics and the German State 1900–1945: The Making of Modern Economic Knowledge*, Cambridge: Cambridge University Press.
Triennial Central Bank Survey of Foreign Exchange and Derivatives Market Activity in 2010—Final results, 2010, https://www.bis.org/publ/rpfxf10t.htm.

Tucker, Paul, 2019, *Unelected Power*, Princeton, NJ: Princeton University Press.
Turner, A., 2010, 'After the Crises: Assessing the Costs and Benefits of Financial Liberalisation', Speech by Lord Adair Turner, Chairman, UK Financial Services Authority, at the Fourteenth C. D. Deshmukh Memorial Lecture on 15 February, Mumbai.
Van Doren, P., 2021, 'GameStop, Payments for Order Flow, and High Frequency Trading', Cato Institute, 1 February, https://www.cato.org/blog/gamestop-payments-order-flow-high-frequency-trading, accessed 6 February 2021.
Van Reenen, J., 2018, 'Increasing Differences Between Firms: Market Power and the Macro-Economy,' CEP Discussion Papers 1576, Centre for Economic Performance, London School of Economics.
Vaughan, N., 2020, *The Flash Crash,* New York: Penguin Random House.
Von Mises, L., 1920, 'Die Wirtschaftsrechnung im sozialistischen Gemeinwesen', *Archiv für Sozialwissenschaften*, 47, 186–121; published in English as "Economic Calculation in the Socialist Commonwealth", trans. S. Adler, in F. A. Hayek (ed.), *Collectivist Economic Planning: Critical Studies on the Possibilities of Socialism*, London: Routledge & Kegan Paul Ltd., 1935, ch. 3, 87–130.
Waldrop, M. M., 2001, *The Dream Machine: JCR Licklider and the Revolution That Made Computing Personal*, London: Viking Penguin.
Williams, E., and Coase, R., 1964, 'The Regulated Industries: Discussion', *The American Economic Review*, 54 (3), Papers and Proceedings of the Seventy-sixth Annual Meeting of the American Economic Association (May 1964), 192–197.
Wren-Lewis, S., 2012a, 'Microfoundations and Central Bank Models', Mainly Macro Blog, 26 March, http://mainlymacro.blogspot.co.uk/2012/03/microfoundations-and-central-bank.html.
Wren-Lewis, S., 2012b, 'The Return of Schools of Thought', http://mainlymacro.blogspot.co.uk/2012/01/return-of-schools-of-thought-macro.html, accessed 24 April 2012.
Wu, Alice H., 2018, 'Gendered Language on the Economics Job Market Rumors Forum', *AEA Papers and Proceedings*, 108, 175–179.
Wu, T., 2016, *The Attention Merchants*, New York: Knopf.
YouGov, 2011, 'Wanted: A Better Capitalism', 16 May, http://labs.yougov.co.uk/news/2011/05/16/wanted-better-capitalism/.
Young, A., 2017, 'Consistency without Inference: Instrumental Variables', LSE Working Paper, London School of Economics, http://personal.lse.ac.uk/YoungA/CWOI.pdf, accessed 6 August 2020.
Ziliak, S., and D. N. McCloskey, 2008, *The Cult of Statistical Significance: How the Standard Error Costs Us Jobs, Justice, and Lives*, Ann Arbor: University of Michigan Press.